이토록 쉬운
**퇴근 후 이모티콘
with 프로크리에이트**

이토록 쉬운
퇴근 후 이모티콘 with 프로크리에이트

초판 1쇄 발행 2021년 12월 10일

지은이 화유
편 집 elise

펴낸이 한창훈

펴낸곳 루비페이퍼 / **등록** 2013년 11월 6일(제 385-2013-000053 호)
주소 경기도 부천시 원미구 길주로 284 913호
전화 032-322-6754 / **팩스** 031-8039-4526
홈페이지 www.RubyPaper.co.kr
ISBN 979-11-86710-74-6

* 이 책은 저작권법에 따라 보호받는 저작물이므로 무단 전재와 무단 복제를 금하며,
  이 책 내용의 전부 또는 일부를 이용하려면 저작권자와 루비페이퍼의 서면 동의를 받아야 합니다.
* 책값은 뒤표지에 있습니다.
* 잘못된 책은 구입처에서 교환해 드리며, 관련 법령에 따라서 환불해 드립니다.
  단 제품 훼손 시 환불이 불가능 합니다.

퇴근 후 이모티콘 with 프로크리에이트

화유 지음

루비페이퍼

시작하며

걱정은 내려놓고
한번 해봐요!

"낙서를 좋아하지만, 누군가에게 보여 주는 건 겁이 나던 때도 있었어요."

이 이야기를 하면 "작가님이요?" 하며 눈이 동그랗게 커지는 사람들을 보곤 해요. 다 잘하고 싶고 못하는 건 들키고 싶지 않았기에 멋있는 그림, 누가 봐도 인정할 만한 그림이 아니라면 보여 주고 싶지 않았거든요. 불과 몇 년 전까지만 해도 이런 모습이었던 저는 현재 이모티콘 작가 겸 강사로 또 그림 그리기를 사랑하며 살고 있답니다.

안녕하세요? 민두와 친구들을 그리는 이모티콘 작가 **화유**입니다.

민두와 친구들

여러분도 예전의 제 모습과 같나요? 그림을 그리기도 전에 걱정과 두려움이 앞서나요? 그리고 싶은 것과 결과물이 달라서 속상한가요?

이 책을 집필하기로 결심하면서 '누구에게 도움을 줄 수 있을까?' 생각해 보니 몇 년 전 걱정과 두려움이 가득했던 제가 떠올랐어요. 이 책을 통해 그때의 어리바리했던 제가 필요로 했던, 선을 긋는 것부터 하나의 이모티콘을 완성하고 자신 있게 세상에 내놓는 과정까지 상세하고 친절하게 알려드릴 거예요. 또, 제가 온라인 강의와 오프라인 강연을 진행하면서 알게 된 여러분의 다양한 고민과 궁금증에 대한 해답도 모두 모두 녹여 담을 거예요. 이제 여러분은 스펀지처럼 쭉쭉 흡수만 하면 돼요! :)

저의 최종 목표는 이 책을 통해 여러분도 무언가를 해냈다는 **성취감**을 안겨드리는 거예요. 그 성취감이 여러분을 빛나게 하고 앞으로 더 나아갈 수 있는 용기를 줄 테니까요! 걱정은 잠시 내려놓고 저와 함께 시작해 볼까요?

– 여러분의 새로운 도전을 응원하며, 화유

베타테스터의 추천 한 마디

> 선 하나도 삐뚤빼뚤 그리던 그알못이었는데 이제 제가 그린 캐릭터가 움직이는 걸 보고 있어요. 곧 카카오에서 만날 수 있길!
> – 31세, N잡러를 꿈꾸는 직장인

> 아이패드와 프로크리에이트를 무거운 메모장으로 써왔던 시간이 아깝네요. **프로크리에이트에 이렇게 많은 기능이 있을 줄이야!**
> – 27세, 포토샵 장인이었던 디자이너

> **이모티콘이 이렇게 쉽게 완성될 줄 생각도 못했어요!** 차근차근 따라하다 보니 우리 아이를 쏙 빼닮은 캐릭터도 만들 수 있었어요. 출시도 노려 보고 있답니다.
> – 41세, 지칠 줄 모르는 워킹맘

이모티콘 제작&출시 과정 한눈에 보기

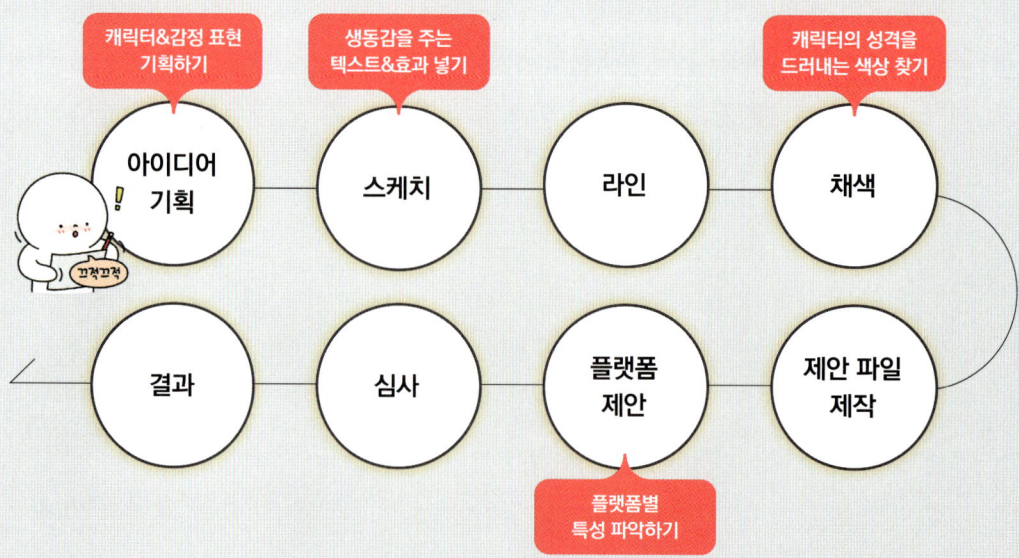

책 미리보기

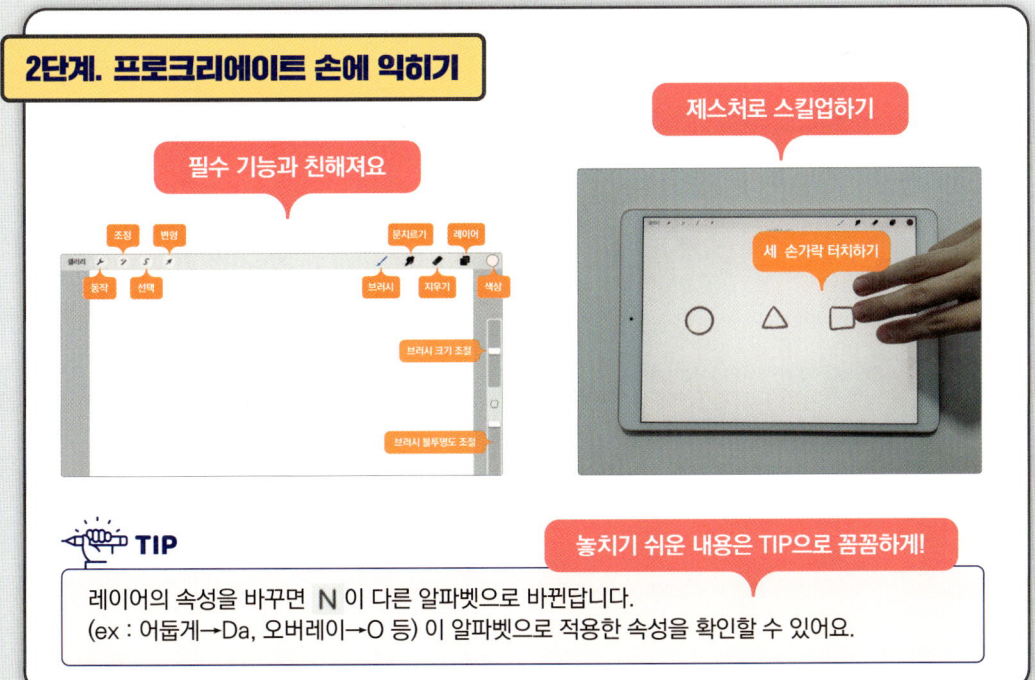

3단계. 캐릭터 구상&이모티콘 기획하기

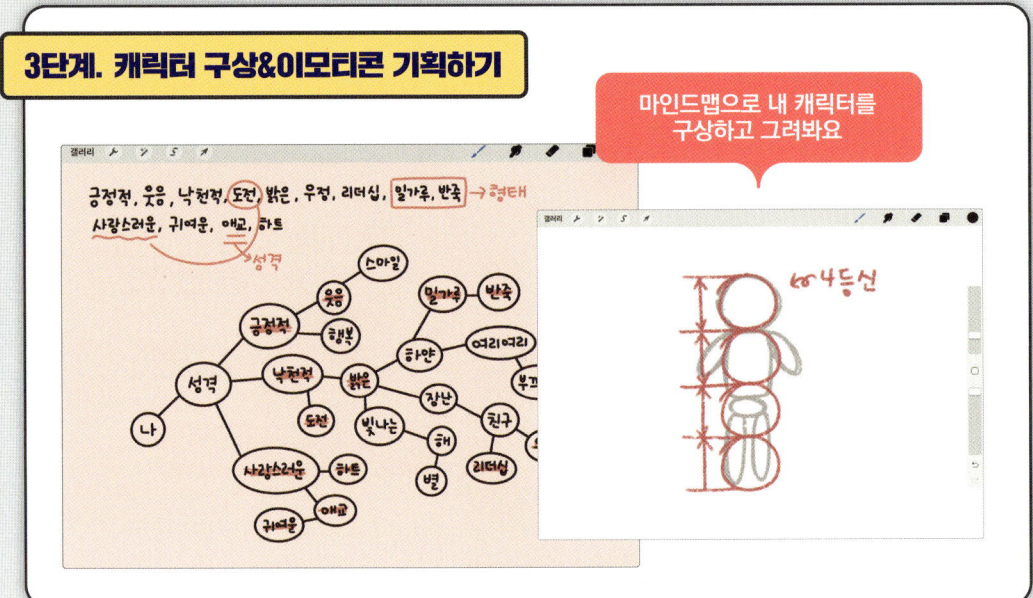

마인드맵으로 내 캐릭터를 구상하고 그려봐요

4단계. 스티커&움직이는 이모티콘 제작하기

스케치부터 채색, 애니메이션까지 차근차근

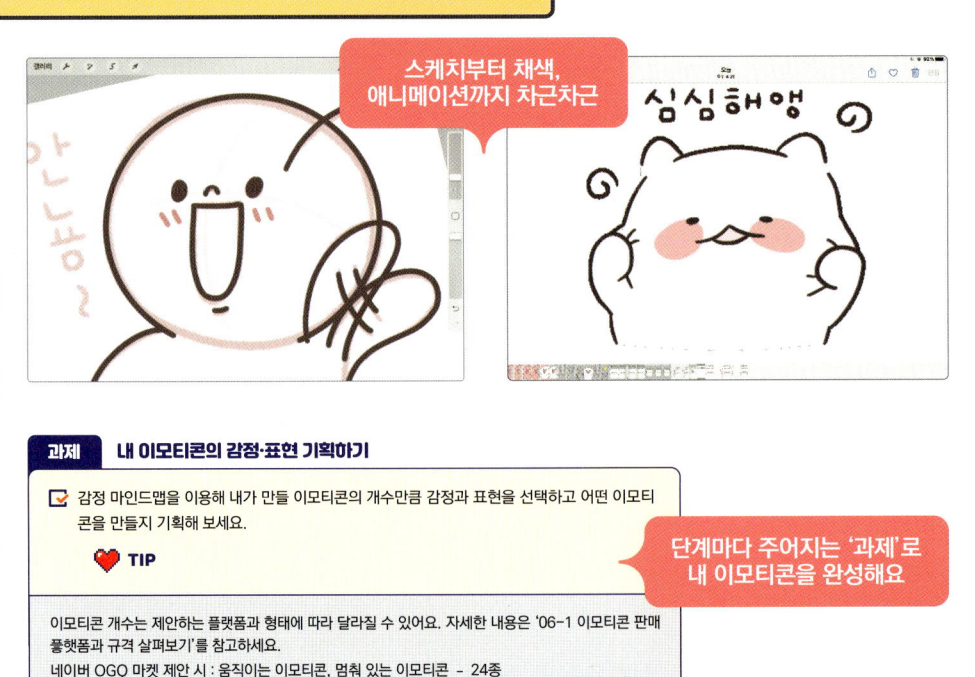

과제 내 이모티콘의 감정·표현 기획하기

감정 마인드맵을 이용해 내가 만들 이모티콘의 개수만큼 감정과 표현을 선택하고 어떤 이모티콘을 만들지 기획해 보세요.

♥ TIP

단계마다 주어지는 '과제'로 내 이모티콘을 완성해요

이모티콘 개수는 제안하는 플랫폼과 형태에 따라 달라질 수 있어요. 자세한 내용은 '06-1 이모티콘 판매 플랫폼과 규격 살펴보기'를 참고하세요.
네이버 OGQ 마켓 제안 시 : 움직이는 이모티콘, 멈춰 있는 이모티콘 - 24종
카카오톡 제안 시 : 움직이는 이모티콘 - 24종, 멈춰 있는 이모티콘 - 32종

5단계 제안 파일 제작 & 플랫폼 제안하기

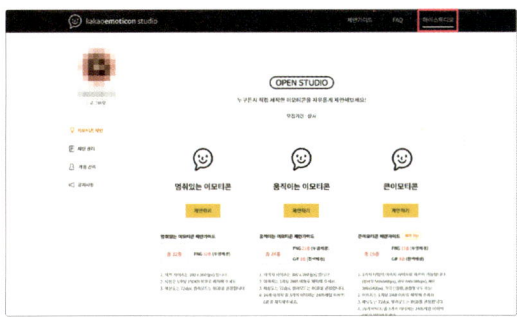

네이버, 카카오 등 플랫폼에 내 이모티콘 등록!

화유 쌤의 숏터뷰

Q. 완성 파일은 어디에 저장하고 관리하시나요?

A. 저는 아이패드 외에 PC나 모바일 등 여러 기기에서 언제든 파일을 확인하고 공유할 수 있도록 드라이브나 앱을 이용해서 저장하고 관리한답니다. 이렇게 파일을 저장하면 기기를 분실하거나 파일이 유실되거나 또는 운영체제가 바뀌어도 웹 서버에 저장된 파일을 이용할 수 있어서 무척 편리하답니다.

제가 주로 사용하는 프로그램은 '센드애니웨어(Send Anywere)'예요. 무료 프로그램인데다 이미지뿐만 아니라 영상, 연락처 등을 쉽게 저장하고 보관할 수 있어요.

또는 클라우드 앱을 이용할 수도 있어요. 대표적으로 '구글 드라이브'가 있죠. 마찬가지로 아이패드에서 앱을 설치하면 파일을 쉽게 보관하고 다른 기기나 환경에서 내려받을 수 있어 무척 편리하답니다.

'화유쌤의 숏터뷰'로 현직 작가의 노하우 엿보기

Contents

1장 이모티콘, 어떻게 만들어요?

01-1	이모티콘은 어디에서 사용하나요?	18
	1. 카카오톡(카카오 이모티콘 샵)	20
	2. 밴드(밴드 스티커 샵)	21
	3. 네이버(네이버 OGQ 마켓)	21
	4. 라인(라인 크리에이터스 마켓)	22
	5. 모히톡 × 스티커팜	22
01-2	**이모티콘 작가는 무엇을 할 수 있나요?**	**23**
01-3	**어떤 도구와 프로그램을 사용하나요?**	**25**
	아이패드와 프로크리에이트를 준비해 주세요	28
01-4	**이모티콘 제작 과정을 알아보아요**	**31**
	제작 단계	32
	출시 단계	33
01-5	**이모티콘 제작 전 꼭 기억해 주세요**	**34**
	첫 번째, 방향을 잡고 나아가기	34
	두 번째, 과정을 즐기기	35
	세 번째, 결과에 연연하지 않기	36
	네 번째, 꾸준히 도전하기	36

2장 프로크리에이트와 친해져 볼까요?

02-1	프로크리에이트 설치하기	40
02-2	갤러리 둘러보기	42
	〈프로그램 정보〉 – 버전 확인, 복원하기	43
	〈선택〉 – 캔버스 복제, 공유, 삭제, 스택화하기	44
	〈가져오기〉 – 프로크리에이트로 파일 불러오기	47
	〈사진〉 – 이미지, 사진 파일 불러오기	47
	새로운 캔버스 만들기	48
02-3	캔버스 살펴보기	54
	〈동작 🔧〉 – 캔버스 옵션 선택·변경하기	55
	〈조정 ✨〉 – 이미지 변형·효과 적용하기	60
	〈선택 S〉과 〈변형 ↗〉 – 영역 선택과 이동하기	61
02-4	브러시&브러시 라이브러리 이해하기	65
	브러시 크기·불투명도 조절하기	66
	나만의 맞춤형 브러시 제작하기	71
	매끄러운 선 그리기	74

02-5	레이어 이해하기	79
	레이어 만들기	80
	레이어 잠금·복제·삭제하기	83
	레이어 지우기·삭제하기	84
	레이어 그룹 만들기	85
	레이어 병합하기	87
	레이어 불투명도 조절하기	87
	〈알파 채널 잠금〉과 〈클리핑 마스크〉	88
	배경색 지정하기	90

02-6	색상의 5가지 팔레트 알아보기	92
	〈디스크〉	93
	〈클래식〉	94
	〈하모니〉	94
	〈값〉	95
	〈팔레트〉	95
	〈컬러 드롭〉과 〈자동 채우기〉	97

02-7	제스처 익히기	100
	〈제스처 제어〉 활성화하기	100
	스포이드툴	101
	실행·실행 취소	102
	캔버스 확대·축소	104
	캔버스 회전	104
	퀵메뉴	105
	슬라이드바 이동·숨김	107
	복사·붙여넣기	108
	레이어 선택	109
	레이어 지우기·불투명도	110
	레이어 병합	112
	알파 채널 잠금	113
	단일 터치 제스처 도우미	114

3장
이모티콘의 탄생, 기획하기

03-1	사랑받는 이모티콘을 위한 캐릭터 구상법	118
	콘셉트 중심으로 구상하기	118
	스토리 중심으로 구상하기	120
03-2	나만의 캐릭터 구상하기	122
	주변을 관찰하고 기록하기	122
	캐릭터 스토리 구상하기	124
	캐릭터 형태 구상하기	127
03-3	24개의 이모티콘 감정·표현 기획하기	129

4장
나만의 캐릭터로 이모티콘 만들기

04-1	캐릭터 만들기	136
	비율 이해하기	136
	덩어리 형태 그리기	138
	동물 형태 그리기	140
	사람 형태 그리기	142
04-2	생동감을 주는 텍스트&효과	144
	전달력을 높이는 텍스트	144
	생동감을 높이는 효과	149

04-3	스케치&라인 그리기	151
	아이디어를 바탕으로 스케치하기	152
	라인 그리기 ① – 브러시와 색상 선택	157
	라인 그리기 ② – 〈변형 ✈〉, 〈그리기 가이드〉	160

04-4	이모티콘 채색하기	163
	색의 온도	163
	색의 무게감	164
	어울리는 색 조합 쉽게 발견하기	165
	기본 채색하기	168
	라인 채색으로 리듬감 주기	172

04-5	완성 파일 내보내기	174
	갤러리에서 내보내기	175
	캔버스에서 내보내기	177

04-6	제안용 파일 제작하기	178
	깨지지 않게 사이즈 변경하기	180
	메인 이미지 제작하기	181
	탭 이미지 제작하기	184

5장 움직이는 이모티콘 만들기

05-1	움직이는 이모티콘의 원리	190
	애니메이션의 12가지 원리	191
	〈애니메이션 어시스트〉 이해하기	192

05-2	'통통 튀는 공' 애니메이션 만들기	197
	간격으로 속도 표현하기 – Timing, Spacing	197
	늘어남, 찌그러짐 표현하기 – Squash and Stretch	199
	'굴러가는 공' 애니메이션 완성하기	202
05-3	이모티콘 동작 구상하기	206
	동작 시나리오 구상하기	206
	러프 스케치로 동작 구상하기	208
	스케치를 기반으로 프레임 제작하기	209
05-4	제안용 파일 제작하기	212
	사이즈 변경하기	212
	파일 내보내기	213

6장 다양한 플랫폼에 제안하기

06-1	이모티콘 판매 플랫폼과 규격 살펴보기	218
	카카오 이모티콘 스튜디오	219
	밴드 스티커 샵	220
	네이버 OGQ 마켓	220
	라인 크리에이터스 마켓	221
	모히톡 × 스티커팜	222
06-2	플랫폼 둘러보기	223
	네이버 OGQ 마켓	224
	카카오 이모티콘 스튜디오	228
	모히톡 × 스티커팜	230

1장
이모티콘, 어떻게 만들어요?

본격 이모티콘 제작에 들어가기 전에 이모티콘의 종류, 사용처와 판매처를 비롯한 이모티콘 생태계를 알아볼 거예요. 또, 이모티콘 작가가 되면 어떤 일들을 할 수 있는지와 이모티콘을 제작하기 전 반드시 알아야 할 내용도 꾹꾹 눌러 담았으니 준비 운동을 하는 기분으로 읽어 주세요.

- ☑ 01-1 이모티콘 어디에서 사용하나요?
- ☑ 01-2 이모티콘 작가는 무엇을 할 수 있나요?
- ☑ 01-3 어떤 도구와 프로그램을 사용하나요?
- ☑ 01-4 이모티콘 제작 과정을 알아보아요
- ☑ 01-5 이모티콘 제작 전 꼭 기억해 주세요

01-1 이모티콘은 어디에서 사용하나요?

이모티콘은 **자신의 감정을 표현하기 위해 사용하는 그림 문자**를 가리키는 말이에요. SNS, 이메일, 웹 사이트 등 얼굴을 마주보지 않고도 감정을 경제적이고 편리하게 전달하기 위해 사용하기 시작했어요. 흔히 이모티콘 하면 떠오르는 이미지와 텍스트가 사용자의 감정을 전달하는 매개체인 셈이죠. 즉, 이모티콘은 감정을 전달할 수 있는 형태라면 어디든지 등장합니다.

우리가 미처 의식하지 못하고 있는 사이에도 이모티콘을 활발하게 사용하고 있답니다. 모바일, 웹뿐만 아니라 쪽지나 편지, 일기, 다이어리에 펜으로 표정을 그리고 스티커를 붙이는 방식으로도 이모티콘을 사용하고 있어요. 그만큼 이모티콘은 이제 우리 생활에 깊이 자리잡고 있어요. 감정을 더 쉽고 빠르게 전달하기 위한 수단에서 이제는 감정 전달에 없어서는 안 될 존재가 되었어요. 그만큼 이모티콘의 종류도 다양해져 이모티콘만으로 대화가 가능할 정도랍니다.

이모티콘으로 감정을 더 풍부하게 전달할 수 있어요.(민두와 친구들)

이모티콘은 다양한 곳에서 사용할 수 있지만, 그중에서도 이모티콘을 가장 자주 사용하는 곳은 카카오톡, 라인과 같은 메신저일 거예요. 메신저에서 대화를 나누는 상대가 한 명일 수도 있고 다수일 수도 있겠죠. 때로는 다수를 향해 정보 전달을 하거나 공지를 하는 경우도 있을 거예요. 이처럼 메신저로 하는 소통 방식의 특성에 따라 이모티콘의 유형도 크게 3가지로 분류할 수 있어요.

이모티콘의 3가지 전달 유형

1:다수 전달형 이모티콘 개인이 다수에게 감정을 전달하는 형식
대화형 이모티콘 상대방과 대화하듯 양방향으로 감정을 주고 받는 형식
게시형 이모티콘 개인이 다수에게 단방향으로 메시지를 전달하는 형식
(블로그, 포스팅 등의 게시글에서 자주 사용)

이처럼 이모티콘을 사용하는 상황과 공간을 이해하면 그에 맞는 성격의 이모티콘을 기획하고 제작하는 데 도움이 됩니다. 물론 어떤 상황이든, 누구든 사용할 수 있게끔 일상적인 것으로만 구성해도 좋지만 메신저, 즉 플랫폼의 성격에 맞춰 최적화할수록 사용성이 높아지겠죠? 이모티콘을 제작할 수 있는 플랫폼은 카카오 이모티콘 샵, 밴드 스티커 샵, 네이버 OGQ 마켓, 라인 크리에이터스 마켓 그리고 모히톡X스티커팜 등이 있습니다.

대표적 이모티콘 플랫폼

이외에도 다양한 이모티콘 플랫폼이 있지만, 대표적인 5개의 플랫폼을 살펴볼 텐데요. 각 플랫폼의 특성과 사용하는 이모티콘의 특성이 어떻게 다른지 간단하게 설명할게요.

1. 카카오톡(카카오 이모티콘 샵)

이모티콘 하면 가장 먼저 떠오르는 대표적 플랫폼 카카오. 카카오는 카카오톡 메신저(PC, 모바일)를 비롯해 다음 카페, 카카오 뉴스 등 카카오 계정과 연동하는 여러 웹/앱 서비스에서 이모티콘을 사용할 수 있어요. 국내 1위 메신저 앱인 만큼 어마어마하게 많은 이용자가 일상 대화를 주고받는 곳이죠. 그렇다 보니 앞서 살펴본 이모티콘의 3가지 전달 유형 중 대화형 이모티콘과 1:다수 전달형 이모티콘이 가장 활발하게 쓰입니다. 주로 카카오톡 메신저에서 사용하지만 메신저 외에 다음 카페나 카카오 뉴스의 댓글에서도 사용할 수 있기 때문에 누구나 어떤 상황에서든 두루 사용할 수 있는 구성으로 제작하는 게 좋아요.

2. 밴드(밴드 스티커 샵)

밴드는 그룹 모임에 최적화되어 동호회, 스터디, 주제별 모임 등 그룹 멤버들이 함께 사용하는 앱이에요. 주로 그룹 모임의 게시판, 댓글, 채팅 등에서 스티커(이모티콘)를 사용해요. 따라서 대화형 이모티콘도 좋지만, 그룹에서 자주 사용할 만한 1 : 다수 전달형 이모티콘의 사용이 더욱 두드러져요. 그래서 타 플랫폼에 비해 예의 바르고 친절한 이모티콘이 더 많이 쓰인답니다.

3. 네이버(네이버 OGQ 마켓)

네이버 OGQ 마켓은 네이버의 모든 서비스에서 사용할 수 있는 스티커(이모티콘)를 판매하는 곳이에요. 블로그, 카페, 포스트와 같은 네이버의 주요 서비스는 물론이고 아프리카 TV라는 1인 미디어 플랫폼과도 연계되어 있어요.

네이버 서비스인 블로그, 카페, 포스트에서는 대화형 이모티콘, 게시형 이모티콘, 1:다수 전달형 이모티콘 모두 사용성이 높아요. 그중에서도 포스팅에 사용하기 좋은 게시형 이모티콘이 플랫폼의 특성에 가장 알맞은 형태예요.
화면에서 작은 영역을 차지하는 채팅창에서도 확실하게 감정을 전달할 수 있는 선이 굵고 또렷한 이모티콘의 사용성이 높은 편이에요. 즉, 1:다수 전달형 이모티콘이 이 플랫폼의 특성에 가장 알맞아요. 반면 아프리카 TV는 활동 중인 BJ를 캐리커처한 이모티콘의 인기가 굉장히 높은 편이랍니다. 또, 예의 바르고 친절한 느낌의 밴드 스티커와 달리 가볍게 주고받을 수 있는 장난스러운 이모티콘도 많은 사랑을 받고 있어요.

4. 라인(라인 크리에이터스 마켓)

라인은 카카오톡과 같이 PC, 모바일을 지원하는 메신저 앱으로, 국내뿐 아니라 해외에서도 많이 사용하고 있는 메신저랍니다. 일상 대화가 주로 이루어지는 플랫폼이므로 대화형 감정 전달 이모티콘과 1:다수 전달형 이모티콘이 가장 알맞은 형태예요. 해외에서도 사용하는 플랫폼이니 다양한 언어로 변형하여 스티커(이모티콘)를 제안해 보는 것도 좋은 방법이에요.

5. 모히톡×스티커팜

모히톡X스티커팜은 삼성의 갤럭시, 애플의 iMessage, 페이스북 메신저, Zalo 등 여러 국가 사용자들이 이용하는 스티커 플랫폼이에요. 주로 메신저에서 사용하게 되므로 대화형 이모티콘과 1:다수 전달형 이모티콘으로 제작하면 좋아요. 해외 이용자가 많으니 라인과 마찬가지로 다양한 언어로 변형해서 제안해 보세요.

이외에도 스티팝, 이모틱박스 등 다양한 이모티콘 플랫폼과 사용처가 있어요. 이모티콘을 제작하고 제안하기 전 해당 플랫폼의 특성과 그 플랫폼의 사용처를 미리 알아 두면 나에게 맞는 성격의 플랫폼을 찾을 수 있고 그 플랫폼의 특성에 맞게 이모티콘을 제작하고 구성할 수 있답니다.

01-2 이모티콘 작가는 무엇을 할 수 있나요?

다양한 직군의 발전으로 직업의 경계가 흐릿해지고 있는 만큼 이젠 하나의 직업으로 나를 소개하는 시대에서 나의 재능을 다양한 직업으로 소개할 수 있는 시대가 왔어요. 이모티콘 작가는 투잡 형태로 시작하는 경우가 많답니다. 부업에서 전업으로 전향하는 분도 있죠. 그만큼 매력적인 수입 모델이 될 수 있다는 뜻인데요. 이는 이모티콘 판매 외의 활동도 가능하기 때문입니다. 이모티콘 작가는 이모티콘 외에도 폭넓은 분야에서 다양한 재능을 펼치며 많은 도전을 해볼 수 있어요.

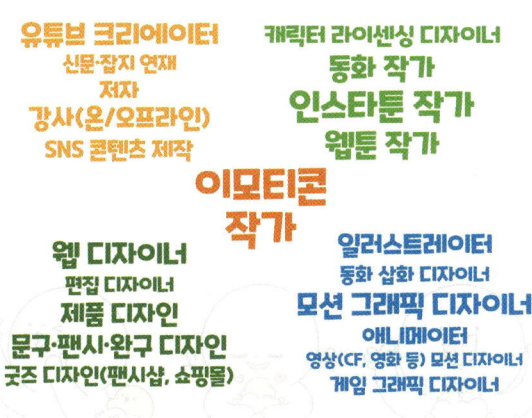

이모티콘으로 확장할 수 있는 분야

이렇게 다양한 분야로 진로를 결정하거나 작업 영역을 넓혀갈 수 있어요. 이모티콘뿐만 아니라 관련 지식을 습득하면 뻗어갈 수 있는 분야가 정말 무궁무진하답니다! 다양한 시도로 여러분의 재능을 마음껏 펼쳐보세요.

 Q. 초보자도 책을 보며 따라 할 수 있을까요?

 A. 차근차근 단계별로 따라 하면 충분히 가능해요. 처음 프로크리에이트를 다룰 때나 제안할 때 그리고 업로드하는 과정 등이 조금 어렵게 느껴질 수 있지만 한 단계씩 천천히 따라 하면 혼자서도 재미있고 어렵지 않게 진행할 수 있어요. 어린 아이도 할 수 있을 정도로 말이에요. 이 책은 처음 시작하는 입장에 서서 최대한 쉽게 풀어 설명했으니 시작해 보세요! :)

01-3
어떤 도구와 프로그램을 사용하나요?

이모티콘을 제작하기에 앞서 **디지털 드로잉**이라는 개념을 이해해야 해요. 드로잉이라는 분야는 세분화하면 무척 다양하지만, 크게 **핸드 드로잉**과 **디지털 드로잉**으로 나눌 수 있습니다. 핸드 드로잉은 종이에 연필 또는 펜을 이용해 손으로 그림을 그리는 방식을 뜻하고, 디지털 드로잉은 디지털 기기(타블렛, 태블릿 PC, 스마트폰 등)를 이용해 그림을 그리는 방식을 뜻한답니다.

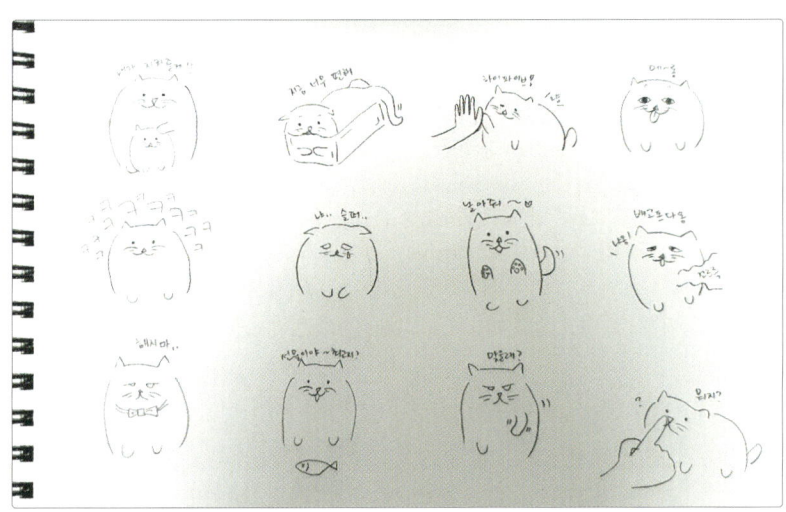

펜과 종이로 그리는 핸드 드로잉

디지털 기기를 이용해 그리는 디지털 드로잉

핸드 드로잉에서 연필, 펜, 마커 펜, 색연필, 붓 등 다양한 펜류로 도화지, 화선지 등 다양한 종이에 그림을 그릴 수 있듯이 디지털 드로잉 도구도 무척 다양합니다. PC(데스크톱, 노트북), 타블렛, 태블릿 PC 그리고 스마트폰 등 여러 기기를 사용할 수 있어요. 여기에 타블렛과 태블릿 PC, 스마트폰은 터치 펜을 사용하면 더 섬세한 그림을 그릴 수 있어요.

 **TIP**

> 디지털 드로잉 시 손가락으로 그리기보다는 애플 펜슬, 터치 펜 등과의 조합을 추천해요! 실제 연필로 종이 위에 그리는 것과 같이 필압을(압력에 의한 강약 조절) 그대로 적용해가며 그릴 수 있어서 보다 더 자유롭고 섬세한 표현이 가능하기 때문이에요. 또, 선 보정 기능을 적용하면 보다 매끄러운 그림을 그릴 수도 있어요.

디지털 드로잉에 사용하는 다양한 기기들

하지만 기기만 있어선 펜 없이 종이만 준비한 것과 마찬가지예요. 드로잉을 위한 프로그램이 기기에 설치되어 있어야 비로소 디지털 드로잉을 위한 준비를 마친 거죠. 기기에 따라 사용할 수 있는 프로그램도 무척 다양합니다. 대표적으로 PC(데스크톱, 노트북)에서는 어도비의 **포토샵**과 **일러스트레이터**를 흔히 사용하고 아이패드에서는 **프로크리에이트**가 가장 사랑받는 드로잉 앱이랍니다.

이외에도 '레이어' 기능이 있는 모든 프로그램, 앱이 드로잉에 쓰이는데요. PC냐 태블릿이냐에 따라 사용할 수 있는 프로그램이 다양한데다 태블릿에도 iOS, 안드로이드와 같은 운영체제에 따라 또 다양하게 나뉩니다. 자세한 내용은 다음 표를 참고하세요.

	PC(데스크탑, 노트북)	iOS	안드로이드
프로그램/앱	어도비 포토샵, 어도비 일러스트레이터, 페인터, 클립 스튜디오 등	프로크리에이트, 오토데스크 스케치북, 클립 스튜디오 등	오토데스크 스케치북, 클립 스튜디오 등

아이패드와 프로크리에이트를 준비해 주세요

핸드 드로잉과 디지털 드로잉 모두 장단점이 있어 어떤 방법이 정답이라고 할 순 없어요. 자신의 그림 스타일, 작업 방식, 환경 등을 고려해 다양한 방법으로 이모티콘을 제작해보고 나에게 맞는 방법을 찾아가는 것이 가장 좋아요.

저는 주로 스케치 단계에서는 핸드 드로잉과 디지털 드로잉을 함께 하고 이후 과정은 디지털 드로잉을 선호해요. 물론 상황에 따라 핸드 드로잉만 할 수도 있고 디지털 드로잉만 하는 경우도 있죠. 그중 가장 추천하고 싶은 조합은 **아이패드**와 **프로크리에이트** 앱이에요. 예전에는 데스크톱과 타블렛, 포토샵으로 이모티콘을 제작했지만, 아이패드와 프로크리에이트를 사용하면 시간과 장소에 구애받지 않고 언제 어디서나 그림을 그릴 수 있다는 점에서 무척 큰 매력을 느꼈어요. 이 두 조합의 가장 큰 장점은 **편의성**이에요.

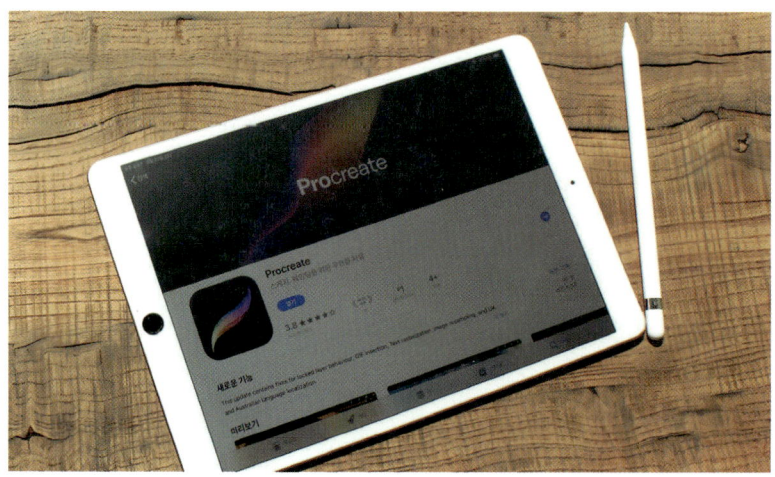

아이패드와 프로크리에이트 조합(+애플 펜슬)

애플사의 대표 기기 중 하나인 **아이패드**는 아이패드, 미니, 에어, 프로로 총 4가지가 있으며 그 안에서도 출시 버전에 따라 여러 세대가 나뉩니다. 여기에 애플 펜슬을 빼놓을 수 없겠죠. 애플 펜슬은 핸드 드로잉에서 펜, 붓과도 같은 역할을 하기 때문에 무척 중요합니다. 실제 펜을 쓸 때처럼 필압(펜을 누르는 압력)을 적용해 섬세하게 그릴 수 있어요(시중에 호환되는 터치 펜을 사용해도 좋지만 가급적 애플 펜슬 사용을 권해요).

아이패드 기종에 따라 애플 펜슬이 호환되지 않는 것도 있으며 또 애플 펜슬도 2세대까지 출시되었기 때문에 호환 여부를 특히 꼼꼼히 살펴봐야 해요. 다음 표를 참고해 각 기종별 특징, 휴대성, 가격 등을 참고하여 나에에 가장 적합한 기종을 선택하세요.

	모델명	애플 펜슬 호환 기기	특징
아이패드	5,6,7,8세대	6,7,8세대(애플 펜슬 1세대)	컴퓨터에 버금가는 성능과 역량/Basic 모델
아이패드 미니	2,3,4,5세대	5세대(애플 펜슬 1세대)	화면 크기를 줄여 휴대성을 높인 모델
아이패드 에어	1,2,3,4세대	3세대(애플 펜슬 1세대) 4세대(애플 펜슬 2세대)	미니보다 큰 화면과 높은 해상도로 가볍고 휴대성이 높은 모델
아이패드 프로	1,2,3,4,5세대	애플 펜슬 1세대 호환 12.9형 iPad Pro(1,2세대) 10.5형 iPad Pro 9.7형 iPad Pro 애플 펜슬 2세대 호환 12.9형 iPad Pro(3,4,5세대) 11형 iPad Pro(1,2,3세대)	높은 해상도와 빠른 속도 등 프로급 고사양·고스펙 모델 애플 펜슬과 스마트 키보드로 생산성 향상 프로급 카메라와 대화면 태블릿 PC

* 애플 홈페이지 참고(2021년 10월 기준 판매 중인 모델)

프로크리에이트는 iOS의 앱스토어에서만 설치할 수 있는 앱으로, 드로잉 앱 분야에선 오랫동안 1위를 차지할 만큼 사랑을 받아왔죠. 물론 프로크리에이트 외에도 다양한 드로잉 앱이 있지만, 그중에서도 유료 앱인 프로크리에이트를 선택한 이유는 꾸준한 업데이트와 빠른 대응 그리고 무엇보다 한 번 구매하면 모든 업데이트가 무료라는 거예요. 즉, 새로운 기능을 계속해서 사용할 수 있죠. 기능도 무척 뛰어납니다. 단순하고 직관적인 UI로 접근성이 높고 포토샵과 같은 PC 프로그램에서 할 수 있는 기능도 대부분 구현되어 있어요. 이뿐만 아니라 다양한 기본 브러시와 PC 프로그램에선 할 수 없는, 태블릿이라는 기기를 십분 활용한 '제스처' 기능은 많은 사용자의 마음을 사로잡을 수밖에 없죠.

어렵지 않을까 걱정되시나요? 프로크리에이트는 여러 가지 장점을 가지고 있지만, 그중 가장 뛰어난 장점은 '사용성'입니다. 초보자도 누구나 금세 익힐 수 있어요. 저도 몇 년간 사용하면서 꽤 만족스러운 경험을 했기에 자신 있게 추천드릴 수 있답니다. 이 책으로 아이패드 디지털 드로잉을 시작하시나요? 저를 믿고 자신 있게 시작해 보세요. 프로크리에이트의 기본 사용법부터 이모티콘 완성까지 한 단계 한 단계 함께 해요!

Q. 아이패드 외 기종에서는 어떤 프로그램으로 따라 해볼 수 있을까요?

A. 갤럭시 탭, LG G 패드에서는 클립 스튜디오(현재 아이패드, 갤럭시 탭에서만 해당), 메디방 페인트, 오토데스크 스케치북과 같은 드로잉 앱을 많이 사용해요. 이외에도 디지털 드로잉에 가장 중요한 레이어 기능만 있다면 충분히 따라할 수 있답니다! PC도 마찬가지예요. 레이어 기능이 있는 프로그램/앱이라면 무엇이든 이용해 따라해 볼 수 있어요.

Q. 작가님은 어떤 아이패드와 펜슬을 사용하세요?

A. 저는 아이패드 프로 2세대 10.5인치와 애플 펜슬 1세대를 함께 사용 중이에요!

Q. 아이패드 용량은 얼마나 필요할까요?

A. 이모티콘 제작에 용량은 크게 중요하지 않아요. 이모티콘 작업 파일들은 용량이 그렇게 크지 않아서 부담이 적은 편이랍니다. 단, 중간중간 작업물들을 클라우드나 드라이브(구글 드라이브, 네이버 Mybox 등)에 백업하고 아이패드 기기에서는 주기적으로 정리해 두면 파일 유실 걱정도 없고 기기도 훨씬 쾌적하게 이용할 수 있어요.

01-4 이모티콘 제작 과정을 알아보아요

이제 본격적으로 이모티콘을 제작하는 과정을 알아볼까요? 크게 **제작 단계**(기획, 스케치, 라인, 채색, 마무리)와 **출시 단계**(제안, 심사)로 나눌 수 있어요.

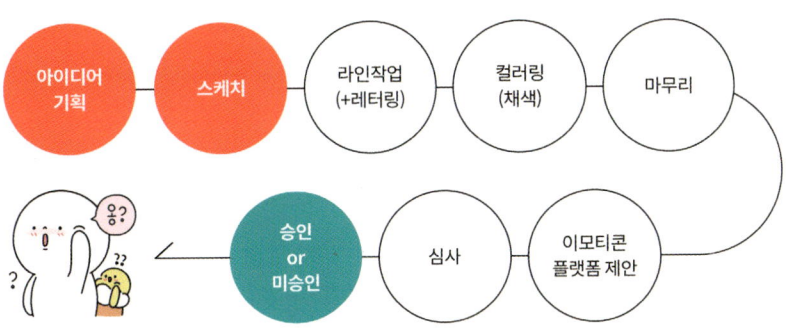

여기서 제작 단계는 제작자의 작업 방식에 따라 조금씩 달라질 수 있어요. 핸드 드로잉과 PC 프로그램을 사용하는 것과 아이패드와 프로크리에이트를 사용하는 과정은 다를 수밖에 없겠죠? 이 책에서는 이 단계로 진행할 예정이니 참고해서 본인에게 맞는 스타일을 찾아 보세요!

 **TIP**

> 승인 후 과정은 플랫폼마다 조금씩 다르고 또 변경될 수 있으니 '6장 다양한 플랫폼에 제안하기'에서 각 플랫폼별 가이드를 참고해 주세요!

각 단계에서는 구체적으로 어떤 과정이 있는지 제작 단계와 출시 단계를 나눠서 살펴볼게요.

제작 단계

1. 아이디어 기획	아이디어를 구상하고 구체화해 기초를 다지는 과정(아이디어를 메모해 두거나 간단한 표정, 동작을 낙서하듯 그려 두어도 좋아요)
2. 스케치	기획한 아이디어를 토대로 대략적인 밑그림을 그리는 작업
3. 라인 작업(+레터링)	스케치한 아이디어의 형태를 그리고 텍스트를 더하는 과정
4. 채색	라인 작업한 이미지를 채색하고 효과 및 텍스트를 꾸미는 과정
5. 마무리	부족한 부분을 보완하거나 리터치하여 상품화할 수 있는 상태로 만드는 과정

제작 단계에서 개인적으로 가장 재미있어 하고 또 중요하게 생각하는 단계는 기획과 스케치예요. 콘셉트를 잡고 기획할 때를 제외하고는 일상 속에서 무언가 번뜩일 때마다 기록을 해 두고 작업을 이어가면 더 만족할 만한 결과물을 얻을 수 있답니다.

 Q. 이모티콘을 제작하는 데 시간이 얼마나 걸리나요?

 A. 이모티콘을 제작하는 시간은 사람마다, 또 이모티콘마다 다르겠지만 저는 멈춰 있는 이모티콘 32개를 제작하는 데 짧게는 1주일, 길게는 2주일 정도 걸려요. 움직이는 이모티콘은 멈춰 있는 이모티콘 21개와 움직이는 이모티콘 3개, 총 24개를 제작하는 데 한 달에서 한 달 반 정도 걸린답니다.

출시 단계

1. 이모티콘 플랫폼 제안		완성된 이모티콘을 플랫폼에 제안하는 과정(플램폼별 메인 이미지와 탭 이미지 등 제작)
2. 심사		플랫폼 제안 후 심사 대기
3. 결과	승인	플랫폼별 절차에 따라 추가 작업 후 이모티콘 판매 시작
	미승인	보완할 부분들을 찾아 수정 후 다시 제안

이모티콘 제작 후 카카오 이모티콘 스튜디오, 네이버 OGQ 마켓, 밴드, 라인 메신저, 모히톡 등 굉장히 다양한 플랫폼에 제안할 수 있어요. 이 중 가장 많이 제안하는 플랫폼은 카카오 이모티콘 스튜디오예요. 접근성이 높고 순위권에 오래 노출되면 큰 수익을 안겨 주기 때문에 많은 분이 도전하고 있어요.

다른 플랫폼들도 플랫폼의 성격에 맞고 매력적인 이모티콘이라면 꽤 괜찮은 수입원이 되어준답니다. 따라서 한 플랫폼에만 집중하기보다는 다양한 플랫폼에 제안해 보면서 시장을 직접 겪어 보고 자신에게 맞는 방향을 찾아가는 게 좋아요.

플랫폼에 제안을 하고 나면 심사 과정을 거치게 돼요. 심사 기간은 약 2~4주 정도 소요된답니다. 심사 결과는 메일이나 플랫폼 사이트에서 확인할 수 있어요. 하지만 한 번에 승인되는 경우는 거의 없다고 봐도 될 만큼 승인을 받기가 어려워서 생각보다 더 많은 시간과 노력이 필요해요. 또 승인을 받으면 바로 출시되는 것이 아니라 대략 4개월에서 6개월 정도의 추가 작업 과정이 있어요. 제안 파일이 최종 파일로 완성되기까지의 시간은 훨씬 오래 걸리고 출시까지 1년 가까이 걸리기도 해요. 생각보다 굉장히 긴 여정이죠?

비교적 접근성이 낮은 플랫폼부터 제안하길 추천하는 이유가 바로 이 때문이랍니다. 실패를 먼저 경험하기보다는 가능성을 발견하고 지속적으로 하고 싶은 마음이 피어난 상태로 진행하길 바라기 때문이에요.

미승인을 받더라도 바로 포기하기보다는 내가 제안한 이모티콘의 문제점은 무엇인지, 보완하면 좋을 부분은 어디인지 객관적으로 들여다 보고 업그레이드하는 과정이 필요해요. 주변에 평가를 받아 봐도 좋고, 이모티콘 카페나 오픈 채팅방 등 여러 사람에게 조언을 받는 것도 좋아요. 미승인의 이유를 몰라 좌절도 하겠지만 도전하고 또 도전하면서 성장하는 과정이라고 마음을 다잡고 다시 도전하세요! 분명 언젠간 내가 만든 이모티콘을 사용할 날이 올 테니까요.

01-5
이모티콘 제작 전 꼭 기억해 주세요

여러분은 이모티콘을 왜 만들고 싶은가요? 취미 생활이었던 그림 그리기를 수익 창출과 연결하고 싶을 수도 있고 내가 그린 그림을 플랫폼에서 직접 사용해 보고 싶을 수도 있겠죠. 이모티콘을 만들고자 하는 동기는 다양하겠지만, 이모티콘을 제작하기 전 여러분이 꼭 기억했으면 하는 4가지가 있어요.

첫 번째, 방향을 잡고 나아가기

이모티콘 제작 전 방향을 명확히 잡아 두지 않으면 처음 생각과 다른 결과물이 나올 수 있어요. 따라서 어떤 방식과 형태로 이모티콘을 제작할지 미리 방향을 잡아 두는 게 좋답니다. 가령 캐릭터를 중심으로 그리고 싶다면 단순히 캐릭터만 그릴 게 아니라 이 캐릭터가 사람인지 동물인지, 그림체는 귀엽고 몽글몽글한 느낌인지 또는 유머러스한 개그형인지를 생각해야 해요. 이렇게 고민한 캐릭터는 움직이는 게 효과적인지, 멈춰 있는 게 더 적합할지도 고민해야 하죠.

즉, 이모티콘의 구성, 콘셉트, 그림 스타일, 형태, 유형까지 구체적인 방향을 잡아 두는 게 좋답니다. 방향성은 다음과 같이 정리해 보았어요.

구성	캐릭터, 메시지, 캐릭터+메시지 등
콘셉트	귀여움, 개그/드립, 아이디어/콘셉트, 타깃, 관계, 시즌 등
그림 스타일	캐릭터 중심, 발그림, 병맛, 로토스코핑 등
형태	사람, 동물, 식물, 사물 등
유형	멈춰 있는 이모티콘, 움직이는 이모티콘, 큰 이모티콘, 소리 나는 이모티콘 등

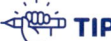 **TIP**

로토스코핑이란? 한 프레임씩 실사 이미지의 윤곽선을 그려 애니메이션으로 만드는 방식

이 다섯 가지 분류 방식을 참고해 여러분이 그릴 이모티콘의 구성, 콘셉트, 그림 스타일, 형태, 유형을 정해 보세요. 방향만 정확히 잡고 시작해도 앞으로 겪게 될 시행착오를 덜 게 될 거예요.

두 번째, 과정을 즐기기

빨리 만들고 출시해서 결과를 보고 싶은 마음도, 얼른 실력을 높여서 빠르게 잘 그리고 싶은 마음이 드는 것도 당연해요. 잘하고 싶다는 마음의 소리이니 아주 좋은 현상이에요. 하지만 급한 마음에 또는 이미 알고 있다는 이유로 필요한 과정을 생략하거나 대충 하고 넘어간다면 나도 모르게 놓치고 가는 게 많을지도 몰라요. 잘하고 싶은 만큼 한 단계 한 단계 꼭꼭 씹으며 차근차근 시간을 들여 습득하는 게 좋아요. 천천히 알아가는 그 과정과 시간들은 그냥 흘려보내는 시간이 아니라 모두 내 것으로 남게 될 테니까요.

따라서 여러분의 그림이 이모티콘으로 만들어지는 모든 과정에서 오는 성취감을 충분히 느낄 수 있는 시간이었으면 해요. 때로는 목적지를 향해 앞만 보고 열심히 달리는 게 효율적일 때도 있지만, 목적지를 향해 가는 중에 보게 되는 풍경만으로도 누군가는 마음의 치유를 얻고 누군가는 새로운 아이디어를 발견하는 기회가 되거든요. 조급해지려는 마음이 들 땐 크게 심호흡한 뒤 '조금 느리지만 정확하게 배우자'라고 생각하기로 해요!

세 번째, 결과에 연연하지 않기

제작한 이모티콘을 플랫폼에 제안하고 나면 반드시 결과를 마주하게 돼요. 한 번에 승인을 받아 출시에 이르기까지 일사천리로 진행된다면 너무 좋겠지만, 현실적으론 미승인을 받을 가능성은 항상 있어요. 이 과정은 이미 많은 이모티콘을 출시한 경험이 있는 전문 작가도 피할 수 없답니다. 저 또한 미승인을 받을 때가 많고 그 과정에서 부족한 부분을 깨달으며 성장하고 있어요.

그런 상황을 마주할 땐 좌절하기보다는 나의 마음을 어루만져 주는 노력도 필요해요. 하루 종일 푹 쉬기도 하고 맛있는 것을 먹으며 재충전의 시간을 가지듯이 말이에요. 여러분도 저처럼 수많은 시련을 겪게 될지도 몰라요. 그럴 때면 자신만의 방식으로 훌훌 털고 일어났으면 좋겠어요. 당연히 결과도 중요하지만, 결과에 이리저리 끌려가기보다는 부정적인 결과는 뿌리치고 일어날 수 있는 힘을 길렀으면 해요. 그래야 또 신나게 달릴 수 있을 테니까요.

네 번째, 꾸준히 도전하기

"살아남는 것이 이기는 것"이라는 말이 있죠? 어디서나 통하는 말이겠지만, 그만큼 굉장히 중요한 말이에요. 자주, 꾸준히 그리면 실력은 배신하지 않고 반드시 늘어요. 그만큼 많은 결과물을 얻을 수 있고 또 성장하는 과정을 겪게 되죠. 그에 따라 성장통이나 권태를 느끼는 시기도 오겠지만, 잠시 흥미를 잃는다 해도 쉽게 포기하지 말고 적어도 안정적 궤도에 오를 때까지는 꼭 버텨냈으면 좋겠어요.

이모티콘이라는 분야는 특히나 타고난 재능(그림 스킬)보다는 새로운 아이디어와 표현이 더 중요하기에 꾸준한 연구와 노력이 훨씬 더 중요해요. 그래서 그림을 전공하지 않아도 누구나 시작할 수 있는 일이죠. 그러니 단거리가 아닌 장거리 달리기를 한다고 생각하면서 목표점을 높이 잡고 꾸준히 도전해 살아남기로 해요!

2장

프로크리에이트와 친해져 볼까요?

이모티콘을 제작할 때는 여러 가지 기기와 프로그램을 사용할 수 있어요. 물론 손으로 직접 그릴 수도 있죠. 그중에서도 우리는 아이패드와 아이패드 전용 앱인 '프로크리에이트'를 이용해 이모티콘을 만들어 볼 거예요. 이모티콘을 제작하기 전 먼저 프로크리에이트 설치부터 반드시 알아야 하는 필수 기능과 알아 두면 작업 효율이 확 높아지는 제스처까지 상세히 살펴볼게요.

드로잉 앱이 처음이라면 알아가는 과정이 어렵거나 복잡하게 느껴질 수도 있어요. 하지만 완벽히 외울 필요 없어요. 그저 눈으로 보고 손으로 따라 하다 보면 어느새 익숙해진 자신을 발견하게 될 거예요. 걱정 말고 천천히 한 걸음씩 따라와 주세요.

- [ ] 02-1 프로크리에이트 설치하기
- [ ] 02-2 갤러리 둘러보기
- [ ] 02-3 캔버스 살펴보기
- [ ] 02-4 브러시&브러시 라이브러리 이해하기
- [ ] 02-5 레이어 이해하기
- [ ] 02-6 색상의 5가지 팔레트 알아보기
- [ ] 02-7 제스처 익히기

02-1 프로크리에이트 설치하기

우리가 앞으로 사용할 앱, **프로크리에이트**는 수백여 개의 브러시와 디지털 드로잉에 최적화된 도구로 다양한 표현을 할 수 있는 것은 물론이고 애니메이션 기능까지 있어 이모티콘도 쉽게 제작할 수 있답니다. 앱스토어 '그래픽 및 디자인' 분야에서 항상 1위를 차지하고 있을 만큼 인기 있는 앱이죠. 설치 방법은 간단합니다. 아이패드의 앱스토어에서 "**Procreate**" 또는 "**프로크리에이트**"를 검색하세요.

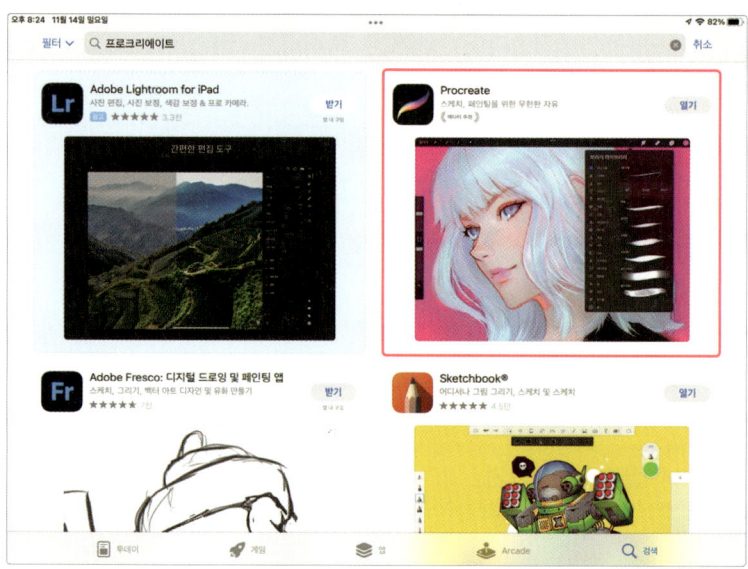

앱을 터치해 상세 화면으로 들어간 다음 가격 버튼을 터치하면 결제 화면이 나타납니다. 〈구입〉을 누르면 12,000원이 결제된답니다. 한번 결제하면 평생 소장에 업데이트되는 기능까지 이용할 수 있어요.

 TIP

- 안드로이드 사용자는 프로크리에이트를 설치할 수 없어요. 30쪽의 '화유 쌤의 숏터뷰' 참고해 다른 드로잉 프로그램을 사용하세요.
- 결제 전 앱스토어 계정에서 '지불 방법'을 등록했는지 확인하세요. 지불 방법은 앱스토어 오른쪽 상단 〈프로필 → 계정 → 지불 방법 관리〉에서 등록 및 수정할 수 있어요.

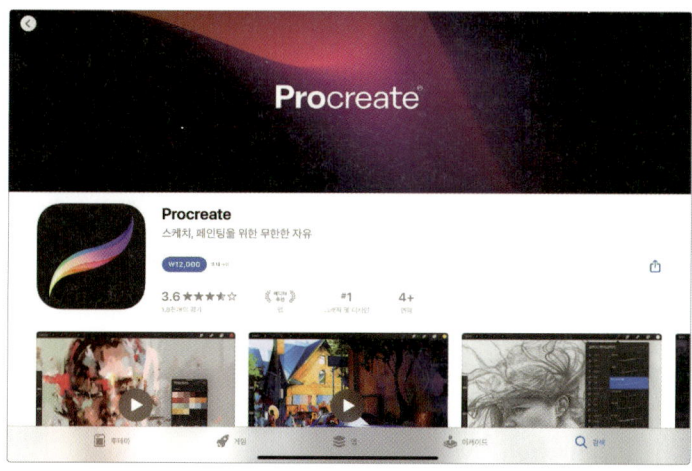

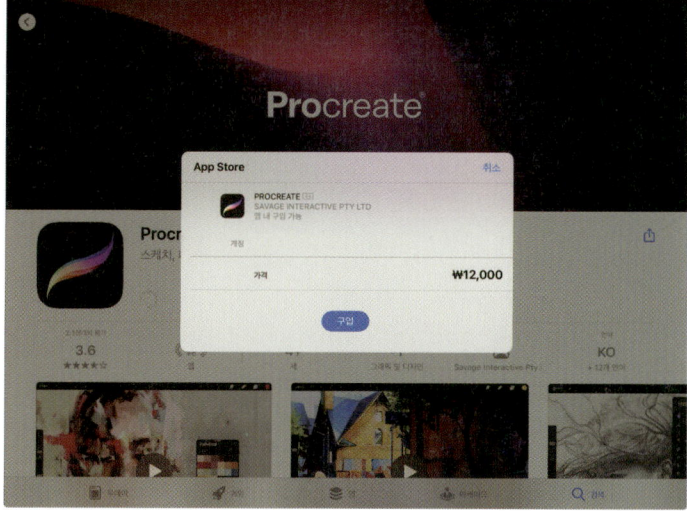

02-1 프로크리에이트 설치하기 **41**

02-2 갤러리 둘러보기

프로크리에이트 설치를 완료했다면 아이패드 홈 화면에서 앱을 터치해 실행해 보세요. 처음 마주하는 화면은 **갤러리**라고 해요. 다음 이미지는 제가 그린 그림들이 캔버스로 저장되어 있는 상태예요. 앞으로 여러분이 그릴 모든 그림을 여기서 한눈에 볼 수 있답니다.

> **TIP**
> 프로크리에이트를 첫 실행했을 때 기본으로 저장된 이미지(아트워크)들은 삭제해도 좋아요!

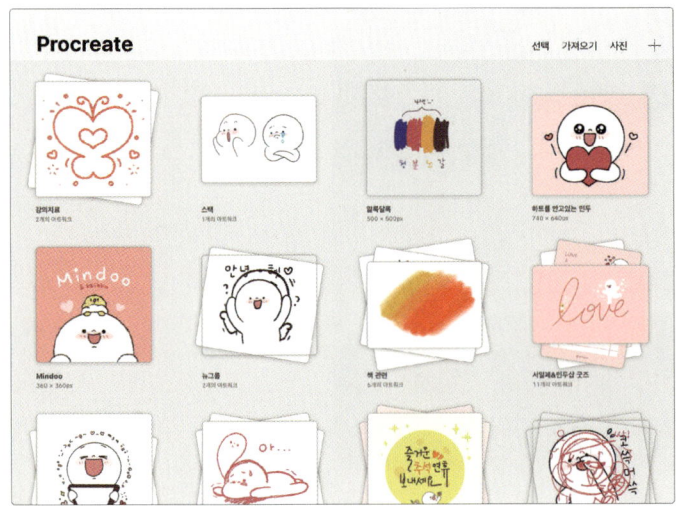

프로크리에이트는 포토샵이나 일러스트레이터와 같은 그래픽 프로그램에 비해 인터페이스가 무척 단순합니다. 그래서 PC 그래픽 프로그램에 익숙하다면 쉽게 적응할 수 있지만 난생처음 드로잉 앱을 사용한다면 어떤 기능이 있고, 그 기능을 어떻게 써야 할지 몰라 당황스러울 수 있어요. 첫 화면인 갤러리부터 어떤 메뉴로 구성되어 있는지 또 어떻게 다뤄야 하는지 이모티콘 제작에 주로 사용하는 메뉴 위주로 하나하나 자세히 설명해 드릴게요!

〈프로그램 정보〉 - 버전 확인, 복원하기

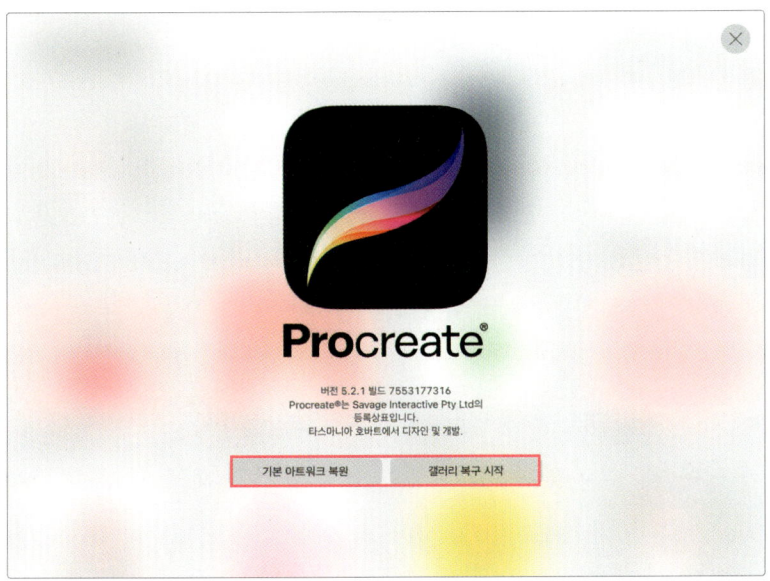

갤러리 왼쪽 위에 있는 "Procreate"를 탭하면 프로그램 정보를 볼 수 있어요. 여기서는 버전을 확인하거나 복원 등의 작업을 할 수 있습니다. 아래에 2개의 버튼이 있는데 이 중 오른쪽 〈기본 아트워크 복원〉을 터치하면 프로크리에이트를 처음 실행했을 때 홈 화면에 기본으로 제공되는 이미지를 복구시킬 수 있습니다. 왼쪽의 〈갤러리 복구 시작〉을 탭하면 손상되었거나 실수로 삭제한 캔버스를 불러와서 복구시킬 수 있어요. 작업물을 저장하기 전 앱 오류로 파일이 손상되거나 유실되는 경우를 방지하기 위해 자동 저장/복구하는 기능이죠.

〈선택〉 - 캔버스 복제, 공유, 삭제, 스택화하기

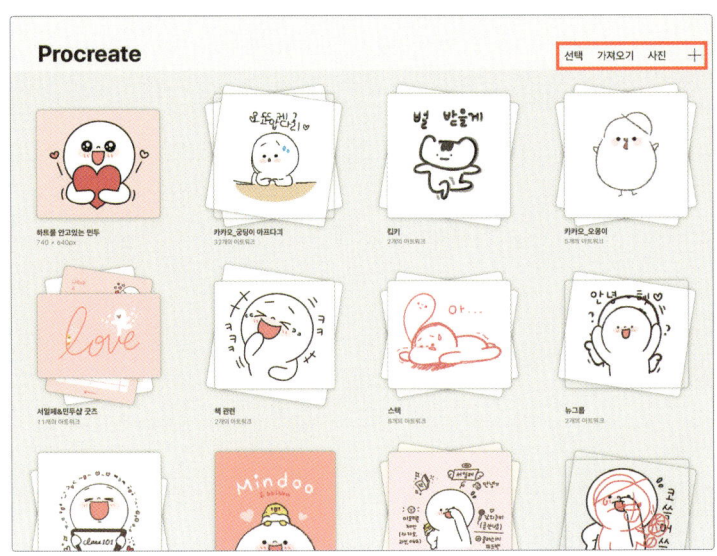

프로크리에이트 첫 화면에서 오른쪽 상단을 보면 〈선택, 가져오기, 사진, +〉 이렇게 4개의 메뉴가 있어요. 이 중에서 〈선택〉은 갤러리에서 캔버스를 선택할 수 있는 기능입니다. 예시 이미지를 보면 캔버스가 한 장인 경우도 있고 여러 장이 겹친 캔버스도 보이는데요. 여러 캔버스가 겹친 것은 마치 여러 파일을 보관한 폴더 같은 역할을 하는 스택입니다. 스택을 이용하면 캔버스가 많을 때 또는 주제별로 정리할 필요가 있을 때 쉽게 관리할 수 있어요.

스택으로 여러 캔버스를 묶어 볼까요? 〈선택〉 메뉴를 터치하면 갤러리의 모든 캔버스 이름 앞에 빈 동그라미가 나타나요. 여기에서 스택으로 묶고 싶은 캔버스를 선택하고 〈스택〉을 터치하면 '스택'이라는 이름의 그룹이 생성돼요. 또는 캔버스를 꾹 누른 다음 스택으로 묶고 싶은 다른 캔버스 위로 끌어와 놓는 방법으로 스택을 만들 수도 있어요.

스택 이름을 바꿔 볼까요? 캔버스 아래 '스택'을 터치하면 이름을 바꿀 수 있는 창이 열리는데, 이곳에 원하는 이름을 입력해 주세요.

반대로 스택을 해제하려면 어떻게 해야 할까요? 생성한 스택으로 들어가 마찬가지로 오른쪽 위에 〈선택〉을 터치한 다음 해제하고 싶은 캔버스를 선택하세요. 그 다음 이 캔버스를 왼쪽 위 스택 이름으로 드래그해 보세요. 스택 이름이 파란색으로 활성화되면서 홈 화면으로 나가게 될 거예요. 홈 화면에서 선택하고 있던 이미지들을 놓아 주면 된답니다.

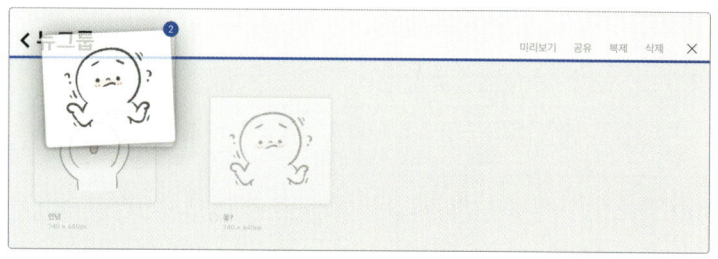

캔버스를 공유하거나 복제, 삭제할 때도 〈선택〉을 터치하고 설정할 캔버스를 선택한 다음 오른쪽 위에서 원하는 기능을 터치하면 됩니다. 간단하죠?

> **TIP**
> 캔버스 위에서 손가락을 왼쪽으로 밀어서 〈공유, 복제, 삭제〉를 할 수도 있어요.

〈가져오기〉 - 프로크리에이트로 파일 불러오기

 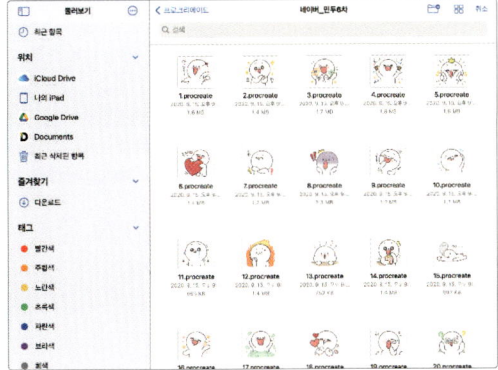

<가져오기>는 기기나 드라이브에 저장해 둔 파일을 불러오는 메뉴예요. 내가 그린 그림 파일들은 프로크리에이트에서만 자동 저장되고 기기에는 따로 저장되지 않기 때문에 파일을 수시로 저장(백업)해야 해요. 이렇게 백업해 둔 프로크리에이트 파일을 <가져오기>로 불러올 수 있어요.

〈사진〉 - 이미지, 사진 파일 불러오기

불러온 파일은 캔버스에 '불러온 사진' 레이어로 생성돼요.

〈사진〉은 작업에 필요한 이미지, 사진 파일을 불러오는 메뉴예요. 사진을 불러와 색상을 추출할 수도 있고 얇은 종이 밑에 밑그림을 대고 그리듯 트레이싱으로 활용할 수도 있어요. 또는 이미지 위에 글이나 그림을 그릴 수도 있겠죠? 다양하게 활용할 수 있는 〈사진〉 기능으로 나만의 아트워크를 만들어 보세요!

새로운 캔버스 만들기

+는 새로운 캔버스를 만들 수 있어요. +를 터치하면 '새로운 캔버스' 창이 열리면서 기본 캔버스 템플릿(서식)들을 볼 수 있어요. 왼쪽은 캔버스 템플릿의 이름이고 오른쪽은 생성할 캔버스의 색상 프로필, 사이즈, 단위예요.

 **TIP**

캔버스 템플릿 설정을 변경하거나 삭제하려면 캔버스를 오른쪽에서 왼쪽으로 밀어 보세요.

기본 캔버스 템플릿을 사용해도 좋지만, 자주 사용하는 캔버스 크기가 따로 있다면 템플릿으로 만들어 두면 편하겠죠? 우리는 이모티콘을 만들 테니 플랫폼에 제안할 사이즈로 캔버스 템플릿을 만들어 봐요. 새로운 캔버스 오른쪽 <사용자 지정 캔버스 ■>를 터치하세요.

<사용자 지정 캔버스>는 말 그대로 원하는 대로 캔버스를 설정할 수 있는 창이에요. 왼쪽에 <크기, 색상 프로필, 타임랩스 설정, 캔버스 속성>이라는 메뉴들이 있고 하나씩 선택하면 오른쪽에 각 메뉴에 해당하는 상세 설정을 할 수 있어요. 네이버 OGQ 마켓의 이모티콘 제작 가이드에 맞춰 캔버스를 설정해 볼게요. 맨 위 캔버스 이름을 터치해 '네이버OGQ'라고 캔버스 이름을 입력해 주세요.

■ <크기> 설정하기

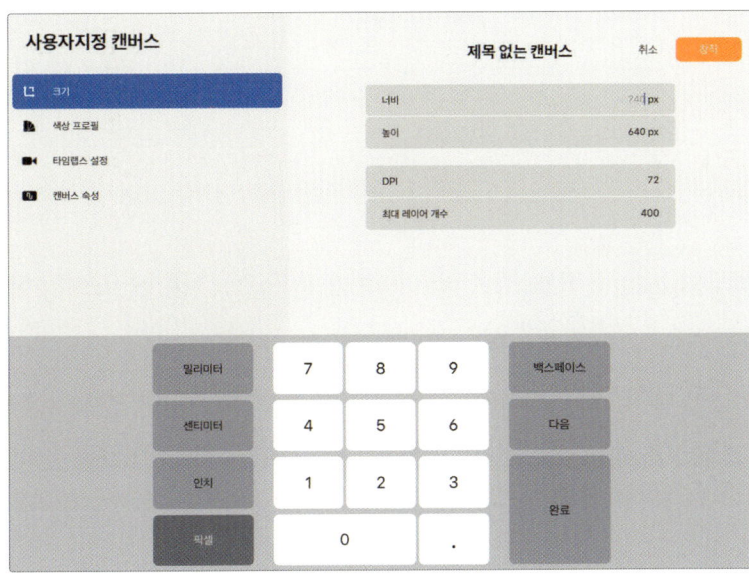

먼저 〈크기〉에서 너비는 740px, 높이는 640px을 입력하세요. DPI Dots Per Inch, 화면 1인치당 도트 수는 해상도를 뜻합니다. 즉, DPI를 높게 설정할수록 인쇄했을 때 더 선명하겠죠? 그만큼 이미지가 고화질이 되어 파일의 용량도 커지니 주의하세요. 이모티콘은 웹을 기준으로 하니 72DPI로 설정하겠습니다.

 TIP
- 웹용 이미지는 72DPI, 인쇄용 이미지는 150~300DPI가 적당해요.
- 너비나 높이 칸을 선택하면 키보드 부분이 바뀌는데 여기에서 밀리미터, 센티미터, 인치, 픽셀 등으로 단위 변환이 가능해요. 다른 플랫폼이나 다른 사이즈의 캔버스를 만들 경우 이렇게 변환하면 된답니다!

최대 레이어 수는 파일의 크기(너비×높이)에 따라 자동으로 변경돼요. 최대 레이어 수란 말 그대로 그림을 그리면서 생성할 수 있는 레이어의 개수랍니다. 이 크기의 캔버스에서는 최대 400개의 레이어를 만들 수 있다는 뜻이에요.

■ 〈색상 프로필〉 설정하기

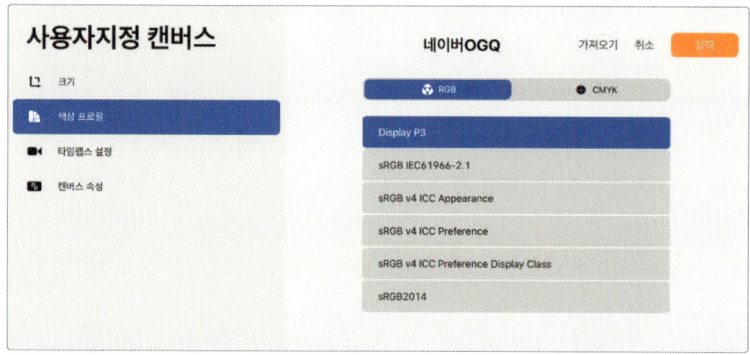

〈색상 프로필〉을 선택하면 RGB와 CMYK라는 두 가지 항목을 볼 수 있어요. RGB는 빛의 삼원색인 R(Red, 빨간색), G(Green, 녹색), B(Blue, 파란색)를 이용해 디지털 영상이나 그래픽 이미지와 같은 화면에서 색이 표현되는 방식을 의미하고, CMYK는 C(Cyan, 파란색), M(Magenta, 빨간색), Y(Yellow, 노란색), K(Key, 검은색)를 혼합한 인쇄용 이미지 색상 방식을 의미해요.

우리가 만들 이모티콘은 화면에서 볼 그래픽 이미지이기 때문에 RGB 색상 프로필을 선택하면 돼요. 이모티콘을 인쇄하거나 인쇄용 이미지를 그릴 때에는 CMYK 색상 프로필을 선택하면 된답니다!

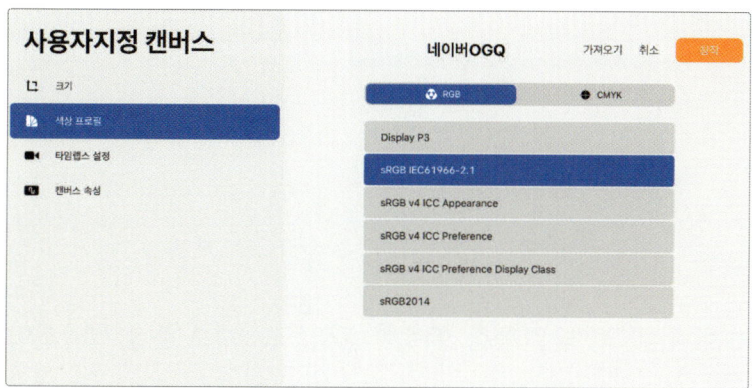

RGB를 선택하면 나타나는 하위 항목은 색상 영역(색상 표현 범위)에 따라 나누어진 것으로, 기기마다 다른 색상 영역(색상 표현 범위)을 기준으로 분류한 값이에요. 특히 맨 위의 Display P3는 색상 영역이 가장 풍부하지만, 이모티콘 제작용으로는 앞에 sRGB라고 적힌 것들이 적합합니다. 대부분 사용자의 모니터가 sRGB IEC61966-2.1의 색상 표현 범위까지 표현할 수 있기 때문에 이 중에서도 두 번째인 sRGB IEC61966-2.1을 권장해요.

■ 〈타임랩스 설정〉 설정하기

〈타입랩스 설정〉은 캔버스를 열어 진행하는 모든 움직임을 영상으로 녹화하는 기능이에요. 내가 어떤 순서로 어떻게 그림을 그리는지 녹화된 영상을 보며 확인할 수 있고 이 영상을 사람들과 공유해 즐겁게 이야기할 수도 있어요.

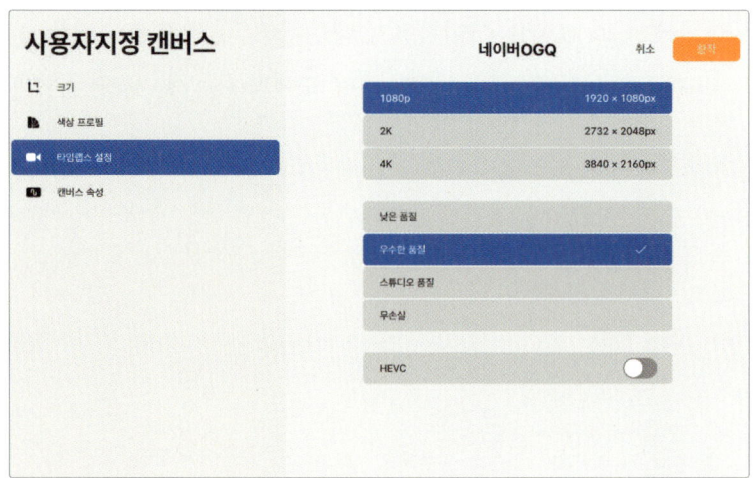

1080p, 2K, 4K라는 3가지 해상도와 낮은 품질, 우수한 품질, 스튜디오 품질, 무손실이라는 4가지의 영상 품질, 그리고 압축 코덱인 HEVC를 설정할 수 있어요. 가장 높은 품질의 영상을 얻으려면 4K, 무손실로 설정하면 됩니다. 단, 그만큼 영상 파일의 용량이 커지죠. 단순한 공유용이라면 1080p, 무손실만으로도 충분하답니다.

■ 〈캔버스 속성〉 설정하기

〈캔버스 속성〉에서는 생성할 캔버스의 배경 색상과 배경 숨김 여부를 설정할 수 있어요. 〈배경 색상〉을 설정하려면 오른쪽 동그라미를 터치해 색상 팔레트를 열고 원하는 색을 선택하세요.

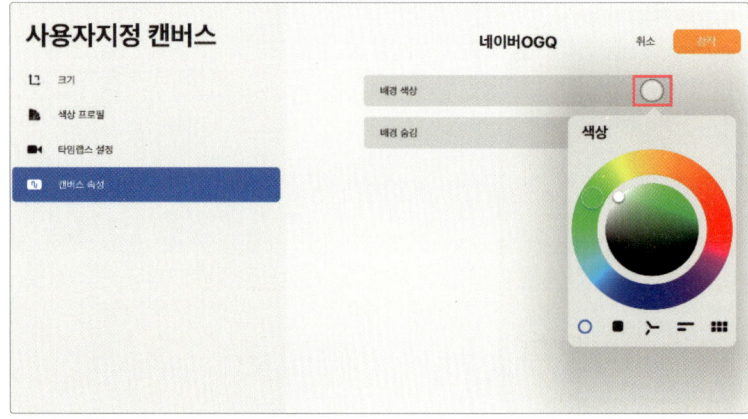

〈배경 숨김〉은 캔버스의 배경을 투명하게 만들 수 있어요. 기본적으로 비활성화된 상태이므로 토글 버튼을 터치해 파란색으로 활성화하면 캔버스 배경을 투명하게 만들 수 있어요.

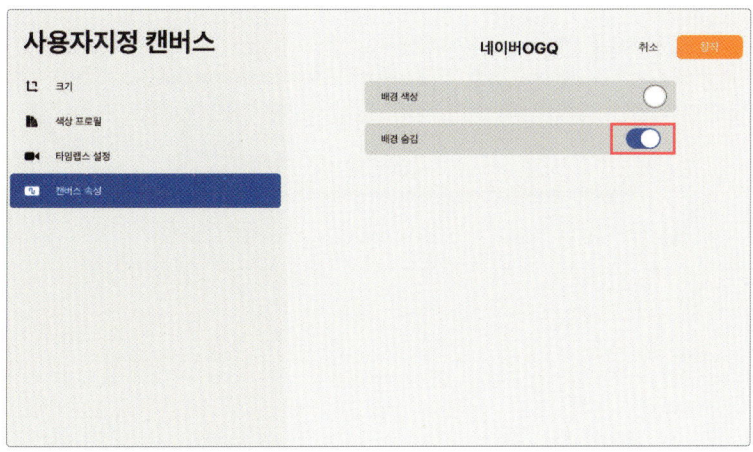

캔버스 설정을 모두 완료했다면 오른쪽 위에 〈창작〉을 터치해 새로운 캔버스를 저장하고 새 캔버스를 만들어 보세요. 캔버스 속성은 캔버스를 만든 뒤에도, 그림을 그리는 도중에도 언제든지 변경할 수 있답니다. 또, 만들어 둔 캔버스 템플릿은 앞서 갤러리에서 ➕를 눌러 확인할 수 있답니다. 자, 이제 그림을 그릴 준비를 모두 끝냈습니다!

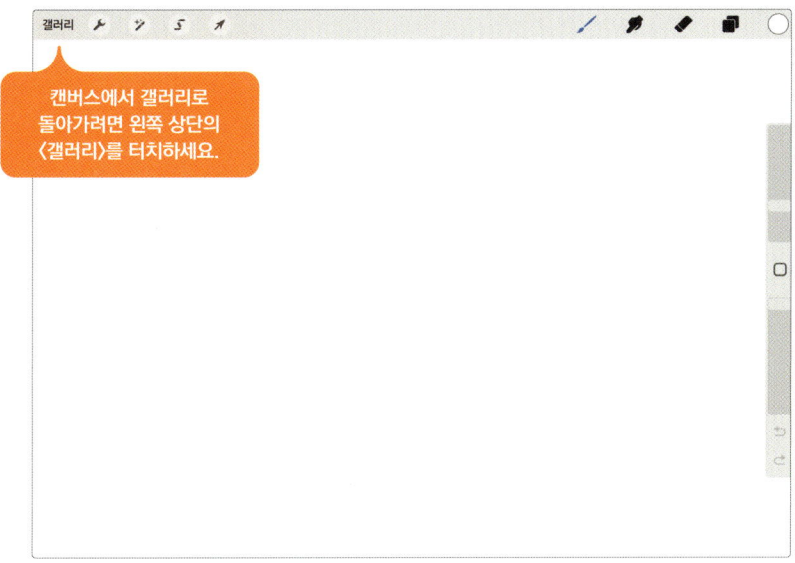

캔버스에서 갤러리로 돌아가려면 왼쪽 상단의 〈갤러리〉를 터치하세요.

02-3 캔버스 살펴보기

캔버스는 그림을 그릴 수 있는 공간이에요. 무척 간단해 보이지만 곳곳에 숨어 있는 다양한 기능이 있답니다. 화면 왼쪽 상단에는 왼쪽부터 〈갤러리, 동작, 조정, 선택, 변형〉이라는 5가지 메뉴가 있어요. 오른쪽 상단에는 왼쪽부터 〈브러시, 문지르기, 지우개, 레이어, 색상〉이 있고 캔버스 오른쪽(또는 왼쪽)에는 브러시 크기와 불투명도를 조절하는 슬라이드바가 보이죠. 각 메뉴를 누르면 수많은 기능을 볼 수 있는데요. 그중에서도 이모티콘 제작에 필요한 주요 기능만 쏙쏙 뽑아서 자세히 살펴볼게요.

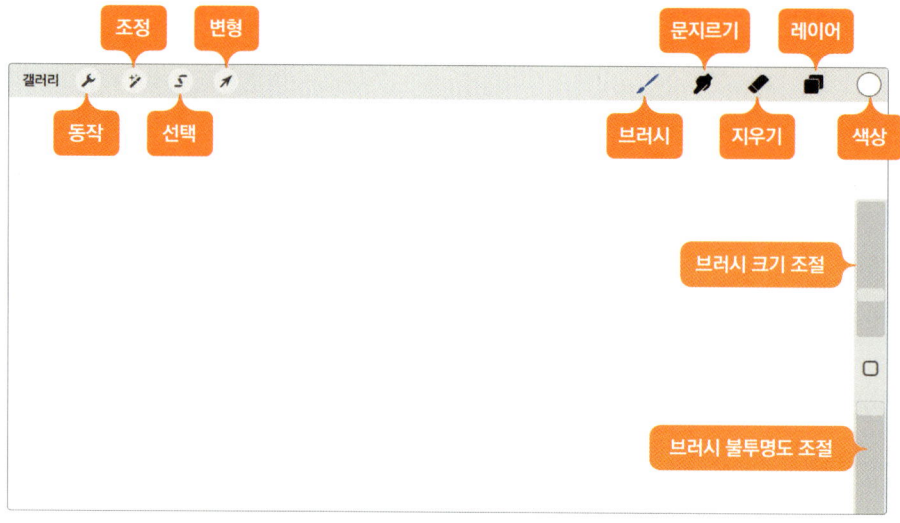

〈동작 🔧〉 - 캔버스 옵션 선택·변경하기

〈동작 🔧〉을 터치하면 가장 먼저 〈추가〉 항목을 볼 수 있는데요. 여기서는 캔버스에 파일, 사진, 텍스트를 추가할 수 있어요. 그린 그림을 공유하고 캔버스를 설정하는 등 다양한 기능이 있답니다.

오른쪽 〈캔버스〉에는 그림을 그릴 때 도움받을 수 있는 다양한 기능이 있어요. 이 중 〈애니메이션 어시스트〉와 〈그리기 가이드〉를 자주 사용하게 될 거예요. 특히 〈애니메이션 어시스트〉는 쉽게 애니메이션을 만들 수 있어 이모티콘 제작에 무척 유용합니다.

 **TIP**

〈애니메이션 어시스트〉 기능은 '05. 움직이는 이모티콘 만들기'에서 자세하게 알아볼게요!

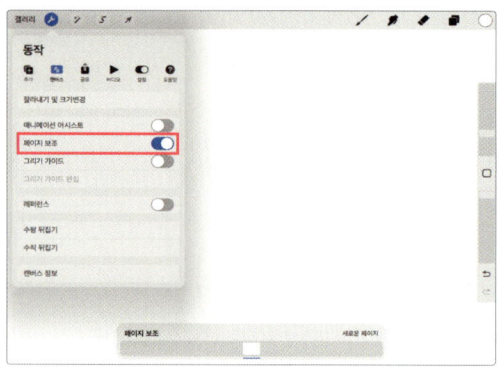
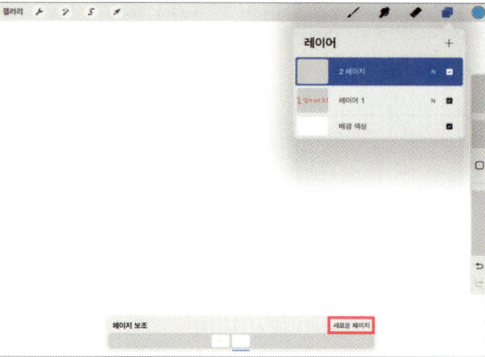

〈페이지 보조〉는 스토리보드나 카드 뉴스, 웹툰, 인스타툰 등 페이지 형태의 이미지를 제작할 때 도움을 주는 기능이에요. 〈페이지 보조〉 옵션을 활성화하면 하단에 슬라이드바가 생성돼요. 슬라이드바 오른쪽 '새로운 페이지' 버튼을 눌러 페이지를 추가하면 새로운 페이지가 생성되고, 실제 페이지를 넘기듯 한 장씩 이동하며 편리하게 그림을 그릴 수 있어 효율적이에요.

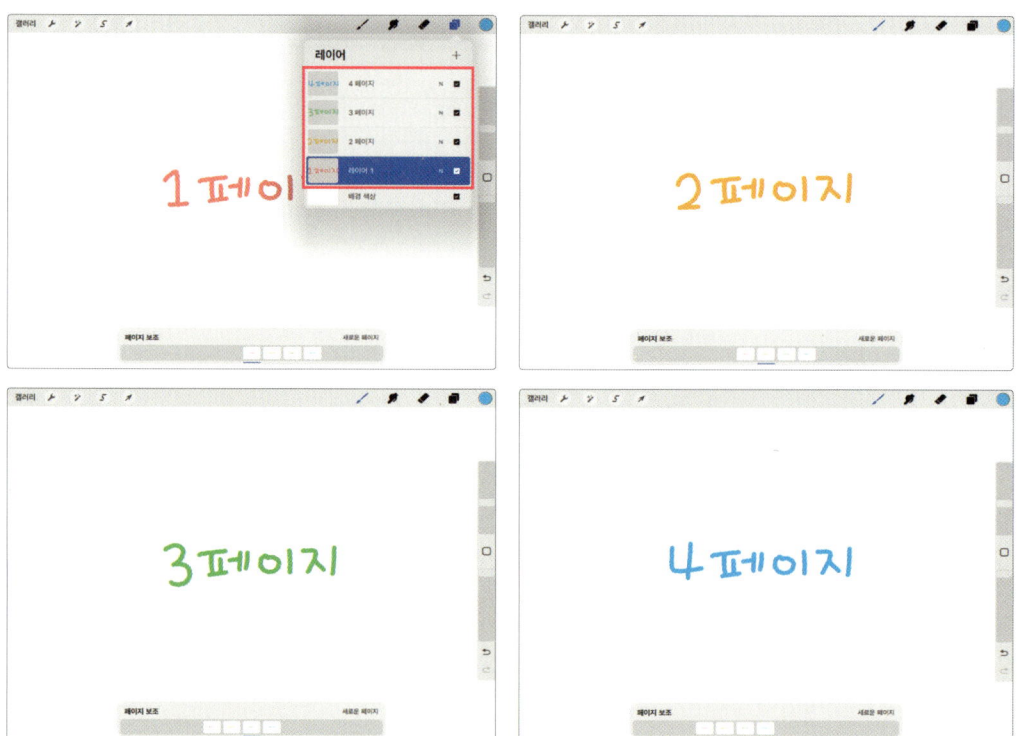

〈레이어〉에서도 페이지를 추가할 수 있고, 그룹으로 페이지를 관리할 수도 있답니다.

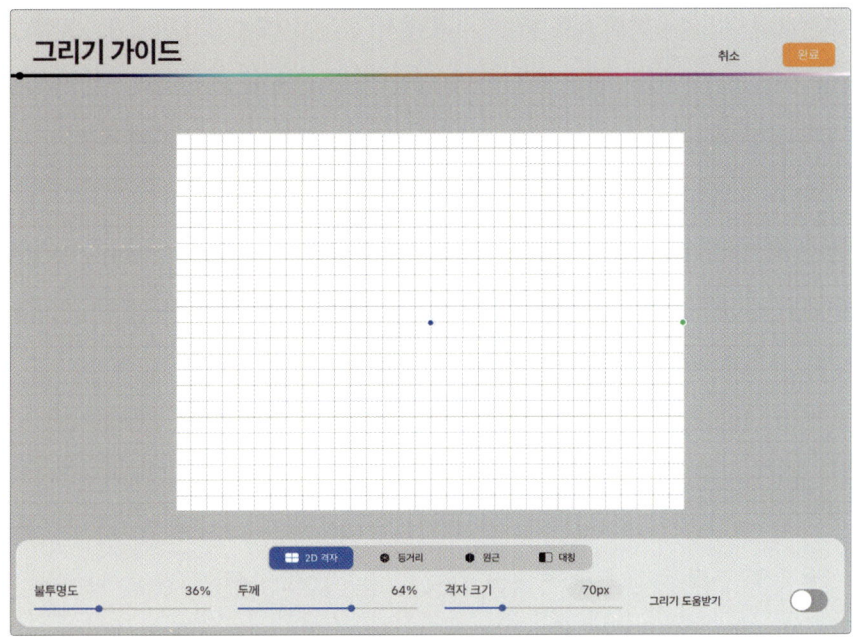

〈그리기 가이드〉는 직선, 원거리 또는 반복되는 패턴을 누구나 쉽게 표현할 수 있도록 돕는 기능이에요. 〈그리기 가이드〉를 터치하면 아래 〈편집 그리기 가이드〉가 활성화되는데, 이곳에서 자세한 설정을 할 수 있답니다.

〈레퍼런스〉는 현재 그리고 있는 캔버스를 다른 시점에서 볼 수 있는 기능이에요. 그림을 그리다 보면 확대해서 그려야 되는 경우가 있는데 이때 전체 그림을 확인하려 매번 축소하고 확대하기가 무척 번거롭죠. 이럴 때 〈레퍼런스〉 창으로 전체 화면을 띄워 두고 캔버스에선 확대한 상태로 그림을 편하게 그릴 수 있어요.

또는 참고하고 싶은 이미지를 불러와 띄워 둔 채로 그려도 좋고, 레퍼런스로 불러온 이미지 속 색상을 꾹 눌러 추출할 수도 있어요. 작업의 효율성을 높여 주는 무척 편리한 기능이죠.

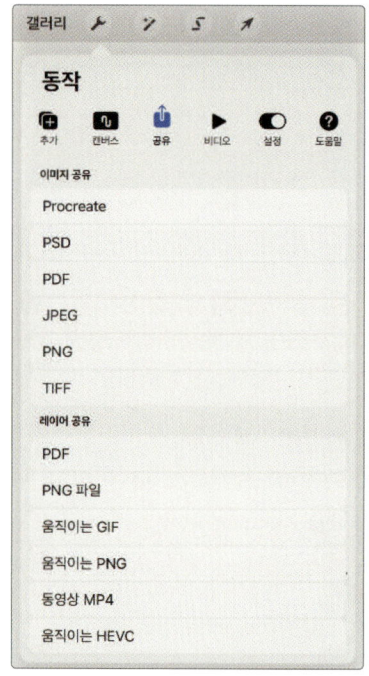

〈공유〉는 작업한 캔버스를 그래픽 파일 또는 이미지 파일로 저장하는 기능이에요. 레이어를 모두 살린 채 공유하려면 Procreate 또는 PSD 파일로 저장하고 한 장의 이미지로 최종 결과물을 공유하려면 PDF, JPEG, PNG로 저장하면 돼요.

TIP

Procreate는 프로크리에이트의 고유 확장자로, PSD와 같이 모든 레이어 기능이 작업한 그대로 저장됩니다.

〈비디오〉에서는 작업하는 과정을 영상으로 녹화하는 타임랩스 기능을 설정할 수 있어요. 〈타임랩스 녹화〉를 활성화하면 캔버스에 그리는 모든 과정이 녹화되고 영상으로 저장된답니다.

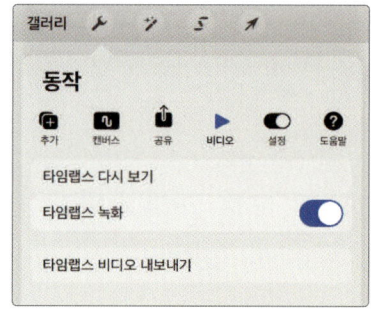

〈설정〉에서는 프로크리에이트 인터페이스를 설정할 수 있어요. 밝은 인터페이스, 어두운 인터페이스를 설정할 수 있는 〈밝은 인터페이스〉, 오른손잡이와 왼손잡이를 설정할 수 있는 〈오른손잡이 인터페이스〉, 브러시 크기와 모양을 볼 수 있는 〈브러시 커서〉, 화면을 확대하거나 축소해도 브러시의 크기가 동일하게 유지되는 〈유동적인 브러시 크기 조정〉(비활성화 상태에서는 브러시의 크기가 달라져요) 등 사용자의 편의성을 높이는 여러 기능이 있어요. 하나씩 설정해 보면서 나에게 맞는 환경을 만들어 보세요!

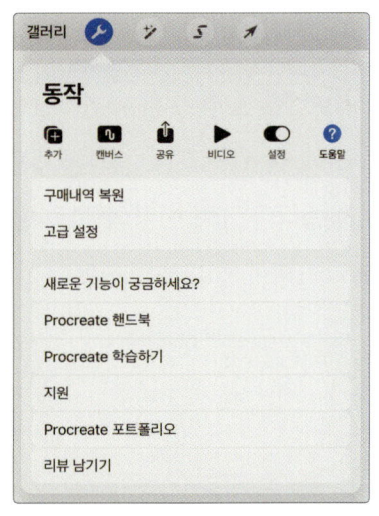

〈도움말〉에서는 프로크리에이트 앱을 구매한 내역을 복원하거나 프로크리에이트 메뉴 설명, 리뷰 등을 할 수 있어요. 그중 〈고급 설정〉을 터치하면 아이패드 〈설정〉 앱으로 이동하게 되는데, 여기서도 프로크리에이트 관련 설정을 할 수 있답니다.

여기서 캔버스 방향 기억, 크기 조정 등 여러 기능이 있지만, 그중 〈Palm Support™ 단계 → Palm Support 세밀 모드〉를 체크해 두면 프로크리에이트에서 캔버스로 그림을 그리는 동안 펜슬이 아닌 손이 닿았을 때 그려지는 걸 방지할 수 있어요.

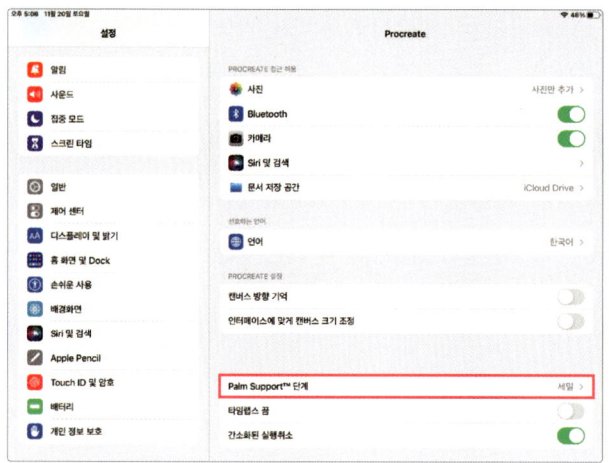
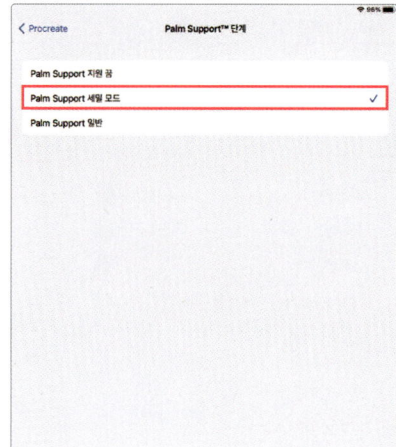

〈조정 〉 - 이미지 변형·효과 적용하기

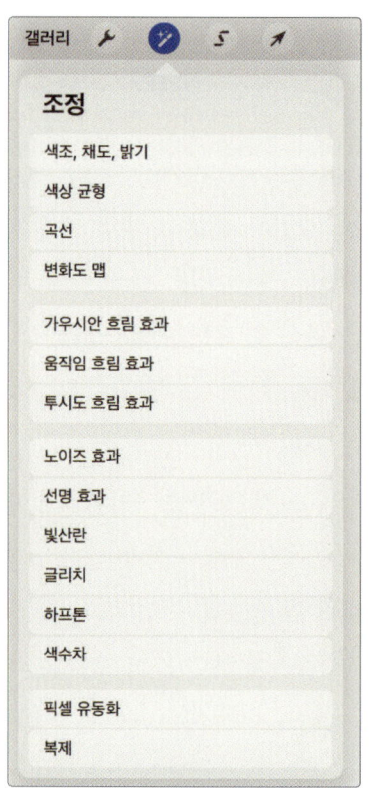

〈조정 〉은 캔버스에서 그린 그림 또는 이미지를 변형하거나 효과를 줄 수 있어요. 이모티콘의 특성상 자주 활용하진 않지만, 손쉽게 여러 효과를 낼 수 있어 무척 편리한 기능들이랍니다.

몇 가지 활용도가 높은 기능을 살펴볼까요? 〈움직임 흐림 효과〉를 사용하면 속도감을 표현을 할 수 있어요. 〈가우시안 흐림 효과〉와 〈변화도 맵〉으로는 그러데이션 효과도 간단하게 낼 수 있습니다. 1개 이상의 색을 칠한 다음 효과를 선택해 그러데이션 효과를 만들어 보세요.

〈변화도 맵〉으로 쉽게 그러데이션 효과를 낼 수 있어요.

이외에도 그림을 펜슬로 잡아 끌어 유동 효과를 주는 〈픽셀 유동화〉나 색보정을 할 수 있는 〈색조, 채도, 밝기〉 등 하나씩 적용해 보면서 내 그림을 한층 빛내줄 효과들을 찾아 보세요.

〈선택 ⌇ 〉과 〈변형 ↗ 〉 – 영역 선택과 이동하기

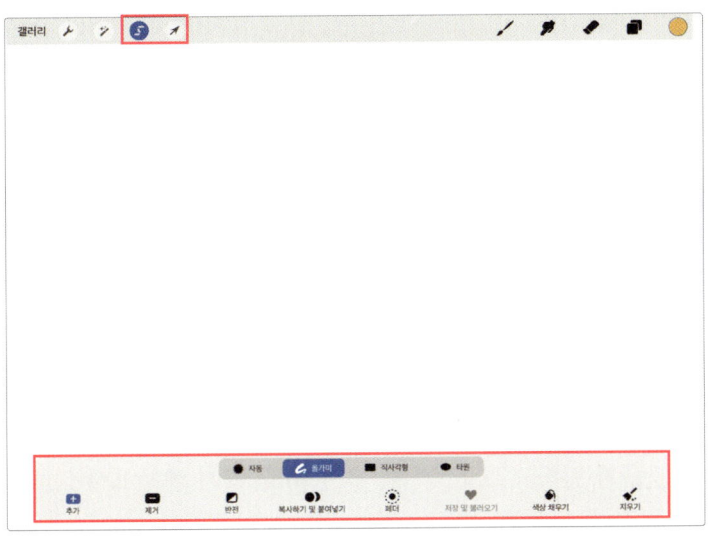

〈선택 ⌇ 〉은 원하는 영역을 선택하는 기능이에요. 〈선택 ⌇ 〉을 탭하면 캔버스 아래 〈자동, 올가미, 직사각형, 타원〉이라는 4개의 선택 유형을 볼 수 있어요. 〈올가미〉는 원하는 크기, 모양대로 선택할 수 있고 〈직사각형〉과 〈타원〉은 말 그대로 직사각형과 타원 형태로 선택할 수 있습니다. 〈올가미〉를 터치하고 펜슬로 원하는 만큼 영역을 선택하면 해당 영역이 점선으로 보일 거예요.

> **TIP**
> 〈올가미〉로 영역을 선택할 때는 선을 긋고 시작한 지점으로 되돌아 가야 영역 선택이 완료됩니다.

〈올가미〉는 원하는 형태로 영역을 선택할 수 있어요.

이렇게 영역을 선택한 다음 함께 쓰는 기능이 바로 〈변형 ↗〉입니다. 〈변형 ↗〉은 〈선택 S〉으로 지정한 영역만큼 오려내거나, 옮기거나, 잘라내거나, 변형할 수 있어요. 그래서 〈선택 S〉과 〈변형 ↗〉은 자주 함께 사용하게 될 거예요.

앞서 〈올가미〉로 선택한 영역을 옮겨 볼까요? 〈변형 ↗〉을 탭하고 아래 메뉴에서 〈균등〉이 선택된 상태에서 지정해 둔 영역을 옮겨 보세요. 선택한 영역을 오려내듯이 공간이 생기고 선택한 영역이 이동하는 것을 볼 수 있어요. 선택 영역을 감싸고 있는 테두리의 점을 끌거나 탭해 크기를 자유자재로 바꿀 수도 있어요.

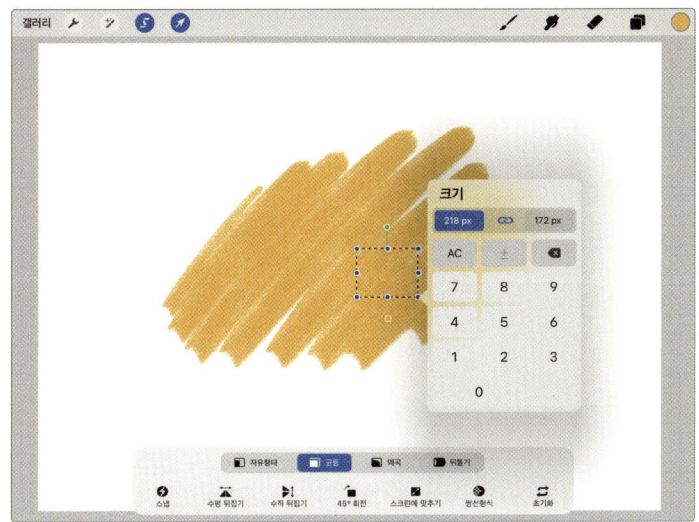

〈선택 S〉+〈변형 ↗ → 균등〉으로 지정한 영역을 이동시키거나 크기를 바꿀 수 있어요.

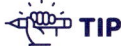 TIP

〈변형 ↗〉 아래 4가지 유형 중 〈균등〉은 선택 영역 또는 레이어를 옮기거나 크기를 바꿀 때 형태를 유지하는 기능이에요. 〈자유형태〉와 〈왜곡〉, 〈뒤틀기〉는 너비와 높이, 형태까지 변형하는 기능이므로 비율을 유지하면서 확대, 축소만 하려면 〈균등〉을 사용하세요.

선택 영역을 일정한 각도로 이동하려면 하위 메뉴에서 〈스냅 → 자석〉을 선택하고 옮겨 보세요. 옮기는 방향을 따라 가이드 선이 나타나 일정하게 이동할 수 있어요. 반대로 〈자석〉을 비활성화해 두면 자유롭게 이동할 수 있겠죠?

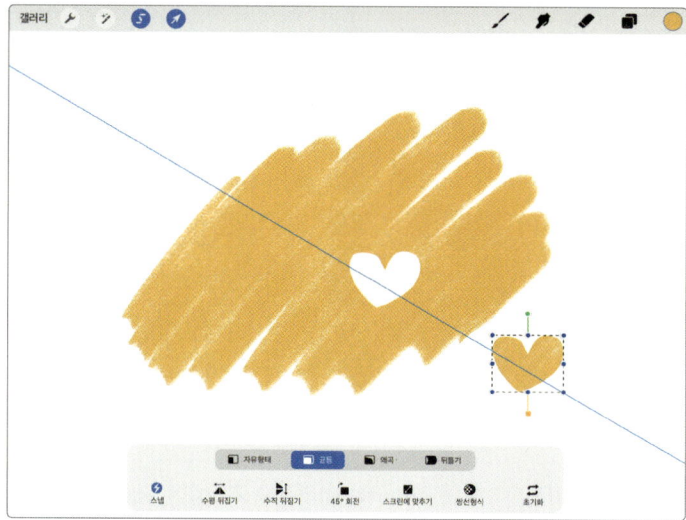

그 외 〈수평 뒤집기, 수직 뒤집기〉 등 여러 기능이 있으니 한번씩 만져 보면서 어떻게 활용할 수 있을지 살펴보세요.

02-4
브러시&브러시 라이브러리 이해하기

이제 캔버스 오른쪽 상단을 볼까요? 제일 왼쪽에 있는 ✏️를 터치하면 〈브러시 라이브러리〉를 볼 수 있어요. 창 왼쪽은 브러시 이름, 오른쪽은 브러시 모양을 한눈에 볼 수 있죠. 프로크리에이트에는 정말 다양한 종류의 기본 브러시가 있어요. 브러시를 불러올 수도 있지만, 기본 브러시 설정을 조금씩 변경해서 나에게 맞는 브러시를 직접 만들어 사용할 수도 있어요. 물론 시작할 때는 기본 브러시를 그대로 사용해도 충분하답니다.

기본 브러시 중 제가 가장 즐겨 사용하는 브러시는 〈잉크 → 잉크 번짐, 스튜디오 펜, 드라이 잉크〉, 그리고 〈서예 → 모노라인〉이에요. 브러시마다 느낌이 달라서 표현하고자 하는 그림의 성격에 맞는 브러시를 선택해 사용한답니다.

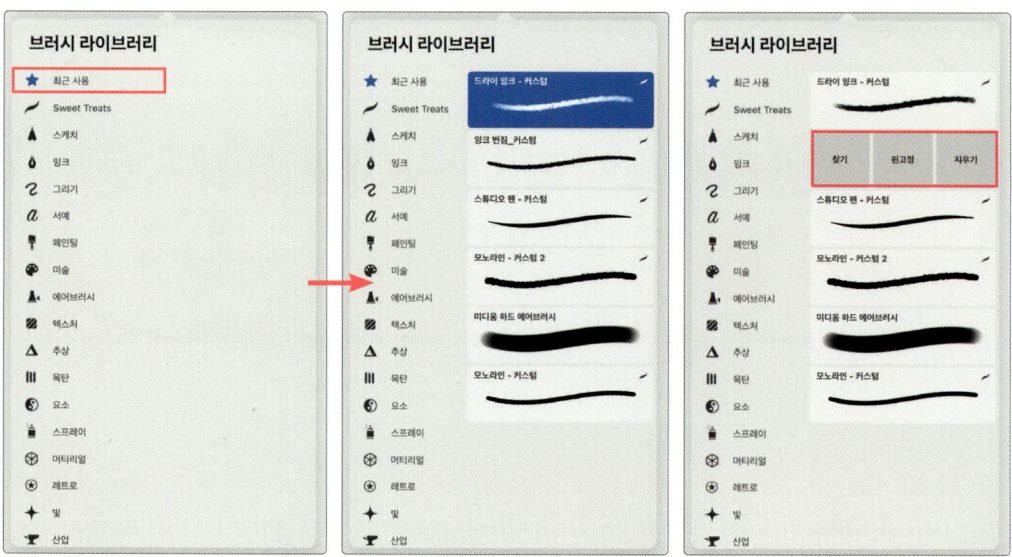

〈브러시 라이브러리 → '최근 사용'〉에는 최근에 사용한 브러시들이 차례대로 나열돼요. 브러시를 오른쪽에서 왼쪽으로 슬라이드하면 〈찾기, 핀고정, 지우기〉 옵션을 선택할 수 있답니다. 목록에서 브러시를 따로 찾을 필요 없이 자주 사용하는 브러시를 바로바로 선택해 사용할 수 있어 편리한 기능이에요.

이제 직접 캔버스에 그림을 그리면서 각 브러시가 어떻게 다른지, 또 브러시 크기와 불투명도는 어떻게 조절하는지, 나만의 브러시는 어떻게 만드는지 등 브러시를 자세히 살펴볼게요.

브러시 크기·불투명도 조절하기

캔버스 오른쪽을 보면 기다란 슬라이드바가 보일 거예요. 이 슬라이드바에서 브러시의 크기와 불투명도를 설정할 수 있어요. 위쪽 슬라이드바는 브러시 크기, 아래쪽 슬라이드바는 불투명도를 조절할 수 있답니다.

> **TIP**
> 〈동작 🔧 → 설정〉에서 오른손잡이 인터페이스를 켜 두었다면 슬라이드바가 화면 오른쪽 끝에 있을 거예요. 왼손잡이 인터페이스로 설정하는 방법은 59쪽을 참고하세요.

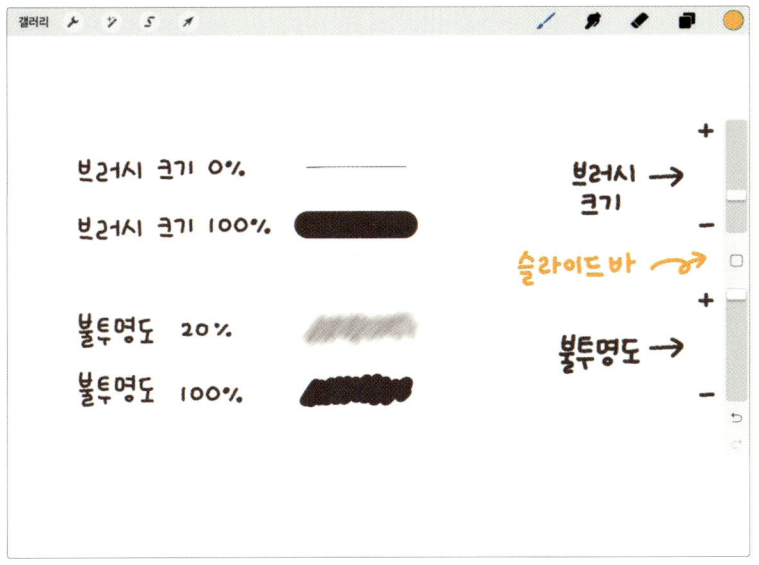

브러시의 크기가 작으면 얇은 선을 그리거나 섬세한 터치를 할 때 좋고 브러시 크기가 크면 두꺼운 선을 그리거나 채색할 때 좋아요. 불투명도는 물감 또는 잉크의 묽은 정도를 조절한다고 생각하면 이해하기 쉬워요. 불투명도가 낮을수록 묽어지기 때문에 덧칠을 하면서 겹쳐 그린 느낌을 표현할 수 있어요. 물론 불투명도가 100%라면 아무리 겹쳐 그려도 원색으로만 보이겠죠?

TIP

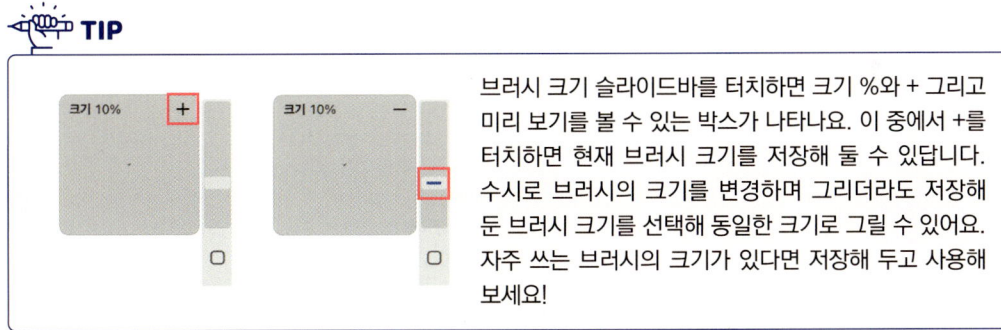

브러시 크기 슬라이드바를 터치하면 크기 %와 + 그리고 미리 보기를 볼 수 있는 박스가 나타나요. 이 중에서 +를 터치하면 현재 브러시 크기를 저장해 둘 수 있답니다. 수시로 브러시의 크기를 변경하며 그리더라도 저장해 둔 브러시 크기를 선택해 동일한 크기로 그릴 수 있어요. 자주 쓰는 브러시의 크기가 있다면 저장해 두고 사용해 보세요!

직접 브러시들을 사용해 보면서 어떤 느낌을 표현할 수 있는지 알아볼게요. 대부분 브러시는 필압을 적용할 수 있어요. 필압이란, 펜슬에 주는 힘에 따라 선의 두께와 진하기를 표현할 수 있는 기능이에요. 간단한 그림을 그리면서 브러시의 특성과 필압을 익혀 볼게요.

〈브러시 라이브러리〉에서 〈잉크 → 스튜디오 펜〉을 터치하고 브러시 라이브러리 바깥쪽을 터치해 창을 닫아 주세요. 그런 다음 캔버스에 꽃을 그려 보세요. 울퉁불퉁하게 그려져도 괜찮아요. 종이 위에 그림을 그리듯이 펜슬을 쥐고 그려보세요.

 **TIP**

> 곧은 선을 긋는 방법은 '매끄러운 선 그리기'를 참고하세요.

다 그렸나요? 아주 좋아요. 이번에도 똑같이 꽃을 그릴 건데 이번엔 손에 힘을 거의 주지 않고 그려볼 거예요. 브러시 크기를 바꾸지 않고도 얇은 선을 표현할 수 있을 거예요. 어느 정도로 힘을 주면 브러시 두께가 두꺼워지고 얇아지는지 그 감각을 기억하세요.

이번엔 직선을 그어볼까요? 보통 펜을 쥐고 그릴 때 힘이 7이라면 1 정도로 힘을 빼고 선을 그어 보세요. 한번 더 그려보니 필압이 뭔지 확실히 느껴지죠?

이번엔 브러시를 바꿔 볼게요. 〈브러시 라이브러리〉에서 <앙크 → 드라이 잉크>를 선택하세요. 그리고 똑같이 힘을 7로 주고 꽃과 선을 그린 다음 힘을 1로 주고 꽃과 선을 그려 보세요. 〈드라이 잉크〉는 〈스튜디오 펜〉보다 더 확실하게 필압을 느낄 수 있을 거예요. 이 브러시는 두께감과 불투명도에도 필압이 적용돼서 마치 핸드 드로잉을 한 듯한 효과를 낼 수 있어요.

마지막으로 <서예 → 모노라인> 브러시로 똑같이 꽃을 그리고 선을 그어 볼게요. 앞서 브러시들과 달리 <모노라인>은 아무리 힘을 주거나 빼도 선의 두께가 일정한 걸 볼 수 있어요.

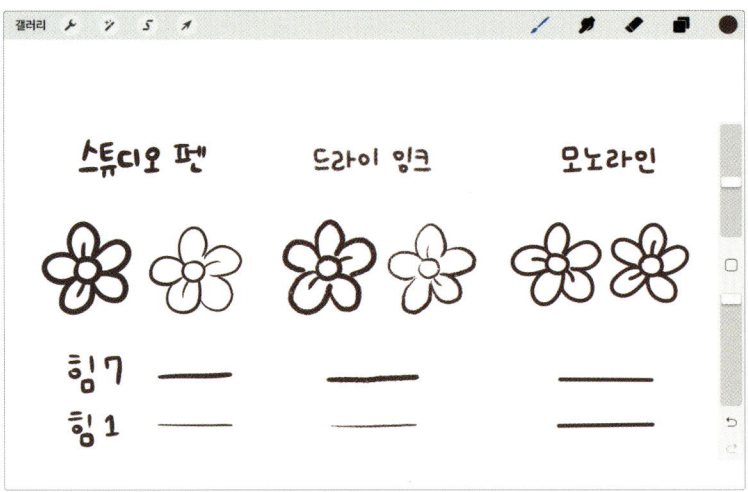

모든 브러시에 필압이 적용되는 것은 아니랍니다. 실제 붓으로 그릴 때 힘을 주면 두껍게 그릴 수 있지만, 사인펜이나 볼펜은 아무리 힘을 줘도 두께에 큰 차이가 없듯이 일부 브러시는 필압이 적용되지 않아요. 깔끔한 선 표현을 하고 싶을 때 <모노라인> 브러시를 사용하면 좋아요.

이외에도 프로크리에이트에서 제공하는 기본 브러시는 무척 다양하답니다. 여러 브러시를 선택하고 선을 그어 보면서 나와 잘 맞는 브러시를 찾아보세요!

나만의 맞춤형 브러시 제작하기

프로크리에이트는 무척 많은 기본 브러시를 제공해요. 하지만 나에게 꼭 맞는 브러시가 없다면 직접 만들 수 있답니다. 이번에는 기본 브러시 설정을 변경해서 맞춤형 브러시를 만드는 방법을 알아볼게요.

〈브러시 라이브러리〉를 선택하고 원하는 브러시를 오른쪽에서 왼쪽으로 민 다음 〈복제〉를 눌러 똑같은 브러시를 하나 더 만들어 주세요.

복제한 브러시를 두 번 터치하면 〈브러시 스튜디오〉라는 창이 열려요. 바로 이곳에서 브러시의 획 두께, 묽기, 끝단 등 다양한 세부 설정을 변경할 수 있어요.

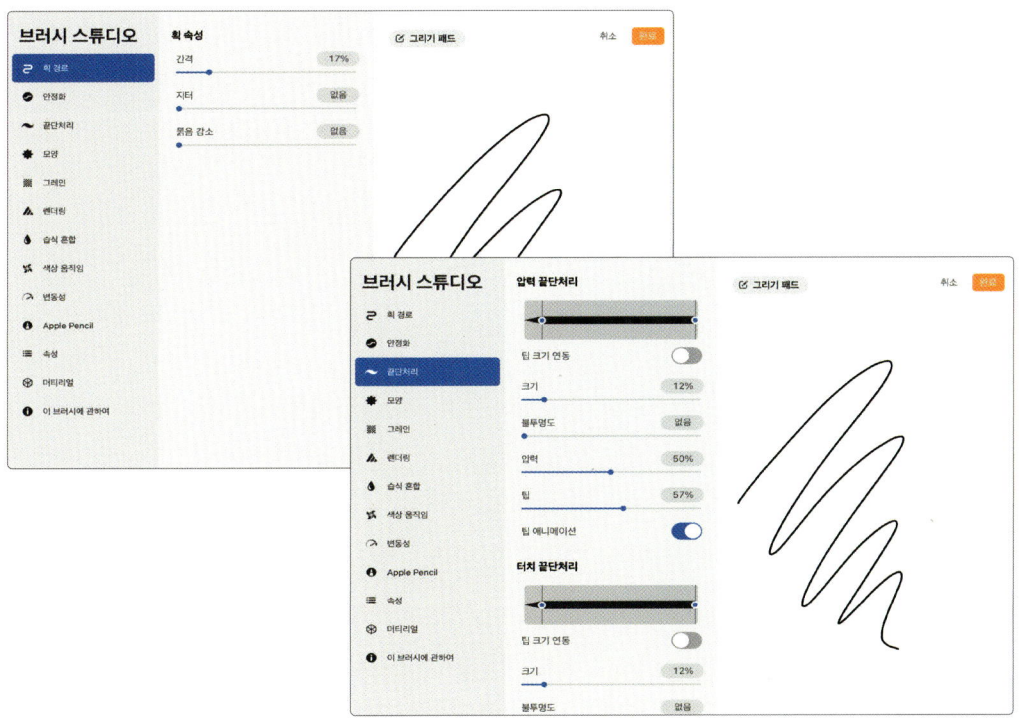

〈획 경로 → 획 속성 → 간격〉은 말 그대로 선을 이루고 있는 점의 간격을 조절하는 기능이에요. 이 값을 높이면 브러시가 거칠어지고 낮추면 점의 밀도가 높아져 선이 촘촘해지죠. 그 아래 〈안정화〉는 선을 그었을 때 매끄러운 정도를 조정하는 기능입니다. 쉽게 말해 손 떨림 방지 기능이라고 이해하면 쉬울 거예요.

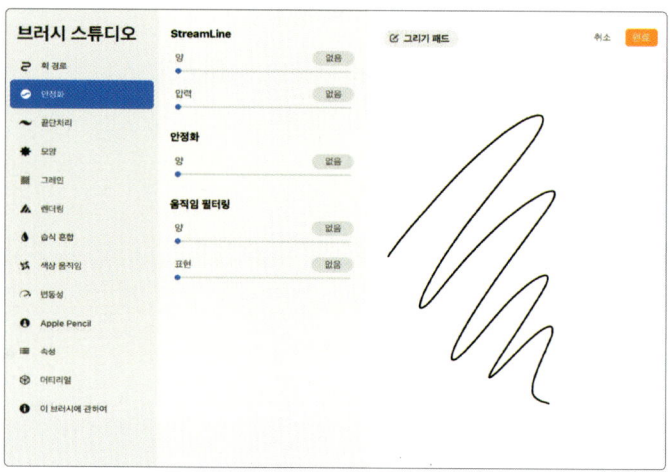

필압을 조절하려면 〈Apple pencil → 압력〉 값을 변경해 보세요.

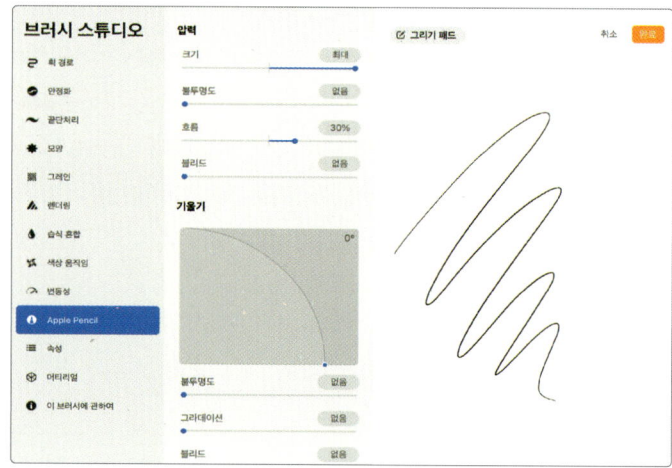

이외에도 브러시의 최소 크기, 불투명도를 설정할 수 있는 〈속성〉, 텍스처를 입히는 〈그레인〉 등 다양한 기능이 있으니 하나씩 설정해 보면서 마음에 쏙 드는 브러시를 만들어 보세요.

모든 설정을 끝냈다면 〈이 브러시에 관하여〉를 터치해 새로 만든 브러시의 이름과 제작자 이름을 입력하고 오른쪽 상단에서 〈완료〉를 눌러 마무리하세요.

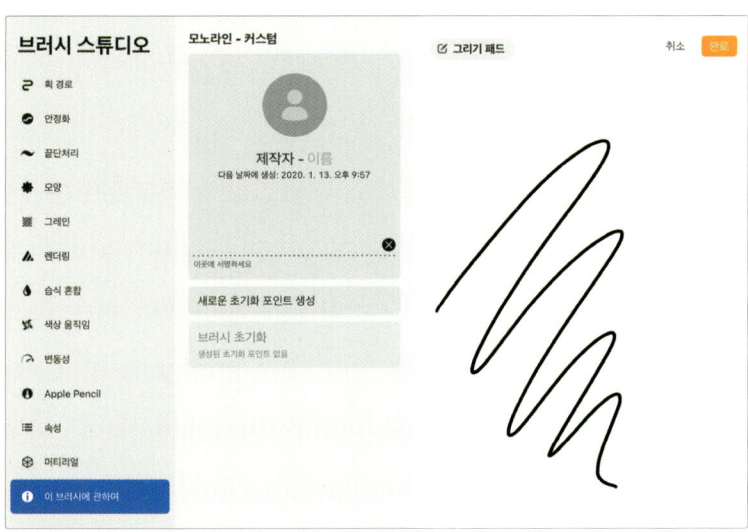

 Q. <브러시 스튜디오>에서 주로 어떤 설정을 변경하세요?

 A. 저는 주로 <안정화>와 <끝단 처리>, 또 <Apple Pencil → 압력>, <속성 → 최소 크기>를 조정해서 새로운 브러시를 만들어요. 모든 브러시의 설정을 변경하며 사용하는 건 아니지만 캐릭터의 분위기나 이모티콘의 콘셉트에 따라 변경해가며 사용한답니다.

매끄러운 선 그리기

아무리 디지털 드로잉이라고 해도 펜슬을 잡고 그리는 작업이기 때문에 그림에 익숙하지 않다면 선이 삐뚤빼뚤할 수밖에 없어요. 하지만 디지털 드로잉의 장점은 그림 초보를 돕는 수많은 기능이 있어요. 그중 하나가 바로 매끄러운 선을 그리는 거예요. 매끄러운 선을 그리는 방법은 크게 3가지가 있답니다. 브러시 설정을 바꾸는 것과 압력 및 다듬기, **퀵셰이프**라는 기능을 사용하는 거예요.

먼저 브러시 설정을 바꾸는 법부터 살펴볼게요. 설정할 브러시를 두 번 터치해 **〈브러시 스튜디오〉**를 열어 주세요. 그런 다음 **〈안정화〉**의 값을 조정해 보세요. 저도 그림을 그릴 때 손을 많이 떠는 편인데, 이 기능을 사용하면서 굉장히 많은 도움을 받고 있어요. 기본 설정에는 〈안정화〉의 값이 모두 '없음'으로 선택되어 있어요. 이 중에서 〈안정화 → StreamLine → 양〉을 조정해 볼게요.

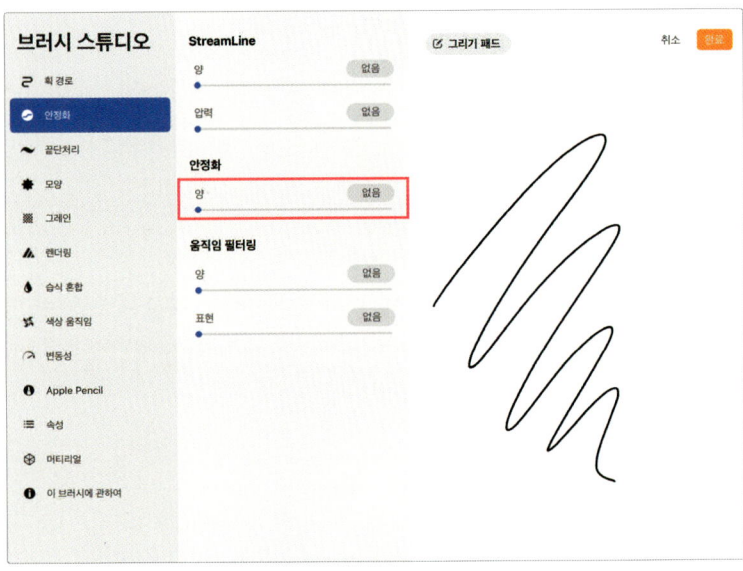

〈안정화 → StreamLine → 양〉의 값은 '최대'까지 높일 수 있어요. 이 값을 높이면 터치와 동시에 선 보정이 되므로 섬세한 표현을 위해서는 30~60% 사이가 자연스럽게 적용되어 좋아요. 〈안정화 → StreamLine → 양〉의 값이 '없음'일 때와 '최대'일 때를 비교해 볼까요?

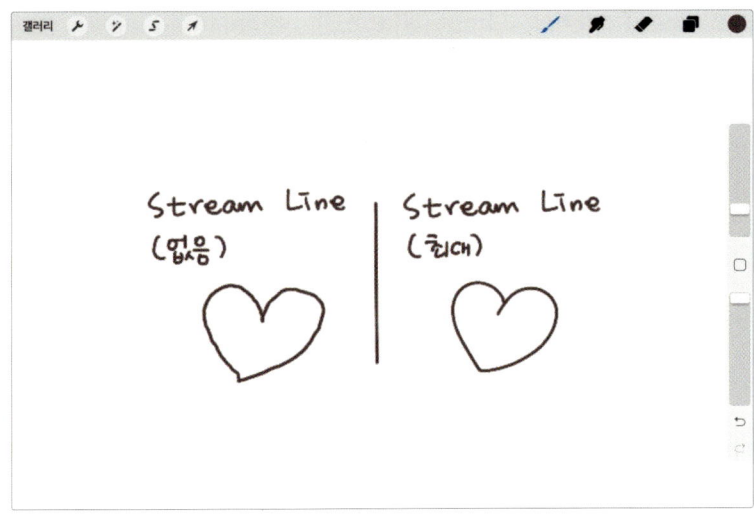

〈안정화 → StreamLine → 양〉을 '최대'로 설정하고 그리면 자동으로 보정되면서 선이 천천히 그려져 조금 느릴 수는 있지만, 완만하고 부드러운 곡선을 그릴 수 있어요. 천천히 그릴수록 원하는 모양에 가깝게 그릴 수 있죠.

가장 적절한 값은 '60%' 정도랍니다. 그러면 선도 매끄럽게 그려지고, 섬세한 표현까지 가능해요. 설정을 변경하고 브러시 스튜디오 오른쪽에 있는 〈그리기 패드〉에서 그림을 그리며 결과를 미리 확인해 보고 적용하세요!

두 번째 방법은 **압력 및 다듬기**예요. 〈동작 🔧 → 설정 → 압력 및 다듬기〉에서 캔버스에 그리는 선의 압력과 선의 안정화를 적용할 수 있어요. 브러시에 안정화 기능을 적용하지 않은 상태에서도 캔버스 자체에 필압 조절과 손떨림 보정을 설정할 수 있답니다.

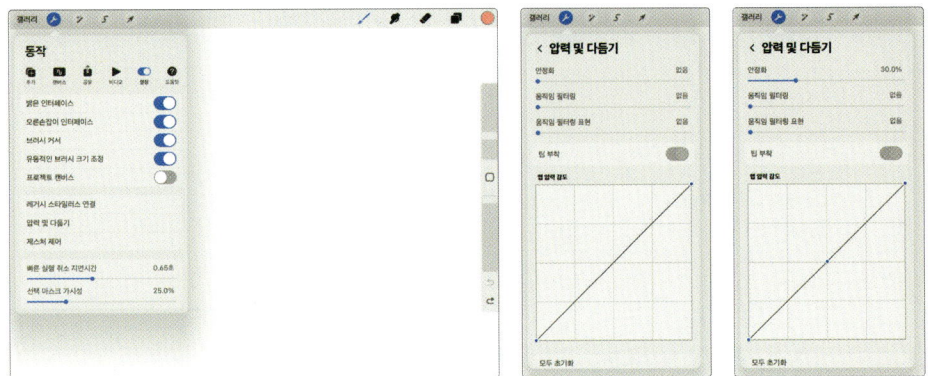

세 번째 방법은 **퀵셰이프**입니다. 첫 번째 방법이 특정 브러시에만 적용되는 거였다면 퀵셰이프는 어떤 브러시로 어떤 선을 긋든 적용할 수 있어 아주 유용해요. 퀵셰이프를 사용하려면 설정 변경이 필요해요. 〈동작 🔧 → 설정 → 제스처 제어 → QuickShape → 그리기 후 유지〉를 활성화해 주세요.

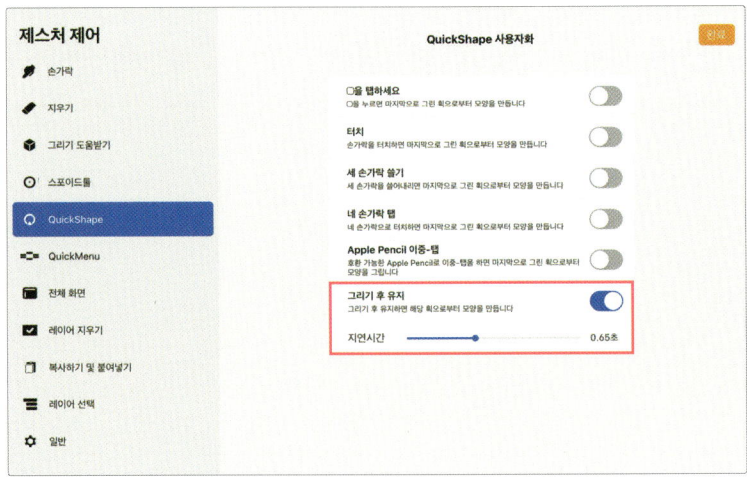

퀵셰이프는 매끄러운 선뿐만 아니라 원, 사각형, 삼각형과 같이 어떤 도형이든 매끄럽게 만들 수 있어요. 〈그리기 후 유지〉를 활성화했다면 이제 캔버스로 돌아가 원을 그려보세요. 그린 다음 펜슬을 떼지 않고 유지하면 원이 매끄럽게 바뀌는 걸 볼 수 있어요. 동시에 캔버스 상단에 〈모양 편집〉이라는 메뉴가 생겨요.

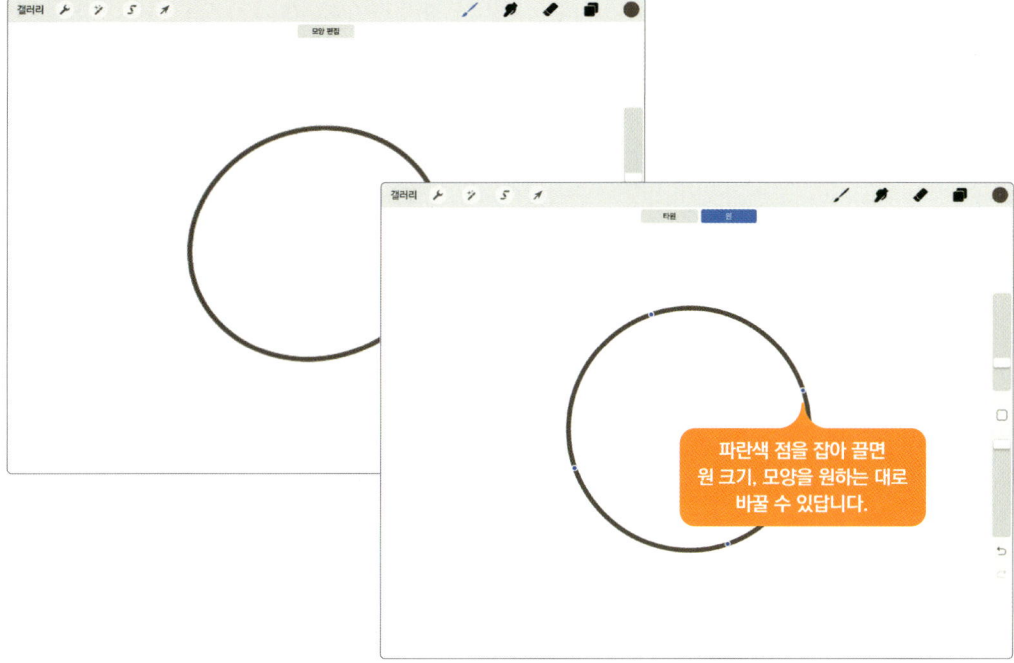

〈모양 편집〉을 터치하면 〈타원, 원〉이라는 세부 옵션이 나타나는데, 여기서 〈원〉을 선택하면 타원이 정원으로 바뀐답니다. 단순한 도형뿐만 아니라 그림을 그릴 때도 이 기능은 무척 유용한데요. 선 하나, 원 하나도 펜슬로 긋고 잠시 떼지 않고 있으면 깔끔한 선 표현이 가능해요.

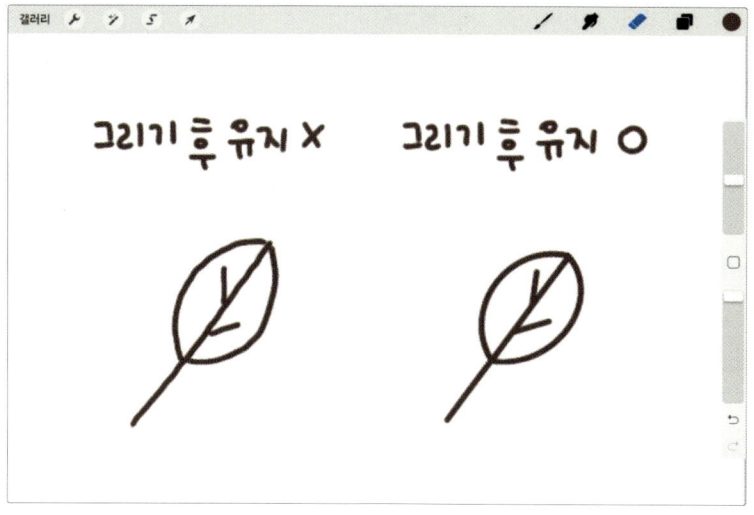

TIP

그림을 지울 때는 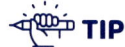를 선택해 캔버스를 슥슥 문질러 주세요. 지우개도 브러시와 마찬가지로 지울 브러시를 선택하거나 크기, 불투명도를 조절할 수 있어요.

02-5 레이어 이해하기

디지털 드로잉의 가장 큰 장점이 바로 쉽게 수정할 수 있다는 거예요. 선을 잘못 그어도, 채색을 잘못해도 언제든 간단하게 되돌릴 수 있어요. 심지어 덧그린 그림도 깔끔하게 지우고 새로 그릴 수 있답니다. 가령 인물을 그릴 때 눈만 다시 그리고 싶다면, 방법은 간단해요. 지우고, 새로 그리면 된답니다. 이것이 가능한 이유는 **레이어** 덕분이죠!

레이어란, 쉽게 말해서 투명한 종이라고 이해하면 돼요. 레이어 1에 얼굴을 그렸다면 레이어 2에 눈을 그리고 레이어 3에 코를 그리는 식으로 얼굴을 완성하는 거예요. 즉, 디지털 드로잉은 투명한 종이 여러 장에 그림을 나누어 그린 다음 하나로 모아서 완성하는 방식이랍니다.

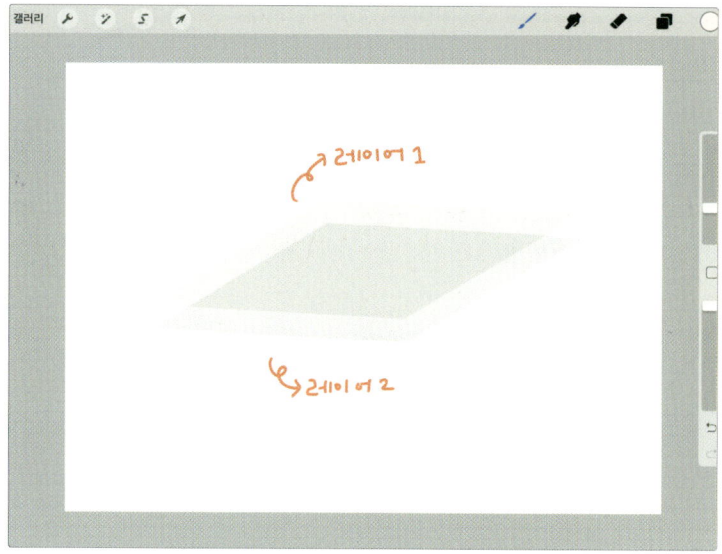

투명한 종이(레이어)를 하나씩 쌓아서 그림을 완성할 수 있어요.

물론 하나의 레이어, 즉 한 장에 눈코입을 모두 그려도 좋지만, 눈을 잘못 그려서 수정하고 싶을 땐 코와 입까지 지워지거나 변형될 수 있다는 위험이 있죠. 레이어를 활용하면 실수를 줄일 수 있고 수정도 손쉬워요. 프로크리에이트에서도 이 레이어를 활용해 그림을 그릴 수 있는데요. 디지털 드로잉의 핵심 기능인 만큼 꼼꼼하게 살펴볼게요.

레이어 만들기

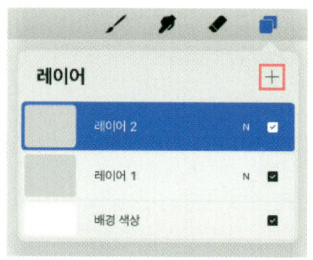

먼저 레이어를 만들어 볼게요. 캔버스 오른쪽 상단에서 〈레이어 ▢〉를 터치하면 '배경 색상'과 '레이어 1'이라는 2개의 레이어가 기본으로 생성되어 있어요. 레이어 창 오른쪽 상단에 있는 ➕를 터치해 레이어를 하나 더 만들어 보세요. '레이어 2'라는 이름의 레이어가 하나 더 생성될 거예요.

> **TIP**
> '배경 색상' 레이어는 배경색을 지정하는 기본 레이어로, 터치해서 배경색을 변경할 수 있고 체크 박스를 터치해 배경을 투명하게 만들 수도 있어요. 단, 삭제는 할 수 없어요. 배경 색상에 대한 자세한 내용은 90쪽을 참고하세요.

'**레이어 2**'를 선택해 캔버스에 동그라미를 그린 다음 '레이어 1'을 선택하고 방금 그린 동그라미 안을 채색해 보세요.

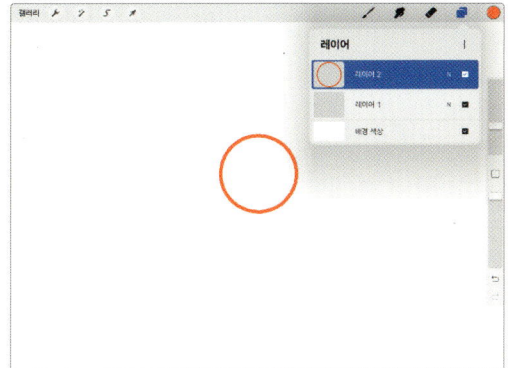 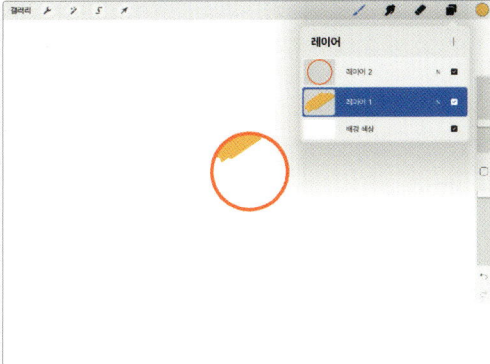

이제 '레이어 2' 오른쪽의 체크 박스를 터치해 레이어를 숨기면 캔버스엔 울퉁불퉁 채색한 '레이어 1'만 남는 걸 볼 수 있어요. 〈레이어〉의 썸네일에도 각 레이어에서 그린 동그라미와 채색이 따로 보이죠.

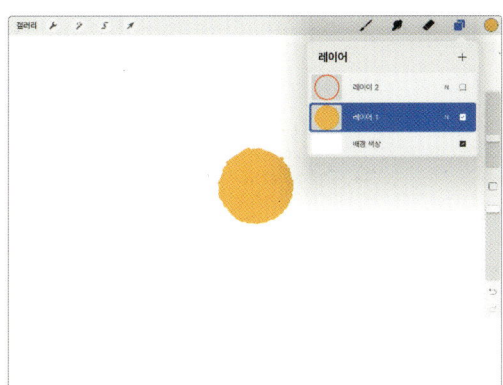 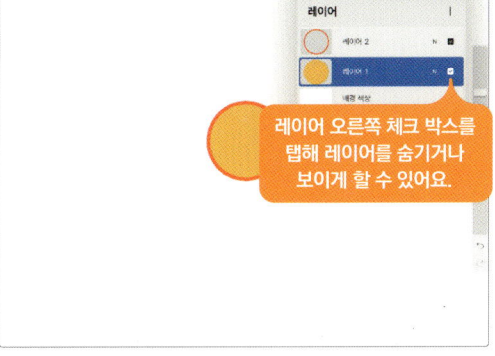

'레이어 2'를 숨겼을 때   '레이어 2'가 보일 때

이렇게 레이어를 나눠 두면 '레이어 1'을 수정할 때 '레이어 2'는 아무 영향도 받지 않아 맘껏 수정할 수 있답니다. 레이어는 그림에 요소가 많을 때 특히 빛을 발해요. 가령 다음 그림은 민두가 하트를 안고 있는 한 장의 이미지처럼 보이지만 실제로는 굉장히 많은 레이어로 이루어져 있는 것을 볼 수 있어요.

얼굴, 팔, 하트, 효과 등 요소에 따라 레이어를 나눠 두면 쉽게 수정할 수 있기 때문에 계속해서 보완하며 차근차근 완성도를 높일 수 있어요. 레이어를 나누는 방식은 작업 방식에 따라 달라져요. 하나의 레이어에 모두 그릴 수도 있고 라인, 채색, 눈, 코, 입과 같이 세세하게 모든 요소를 나눌 수도 있어요.

레이어를 세세하게 나눠 두면 그만큼 부분 부분 수정하기가 쉬워 그림 초보자도 자신 있게 그릴 수 있다는 장점이 있어요. 자신에게 편한 만큼 레이어를 만들고 관리해 보세요.

레이어 잠금·복제·삭제하기

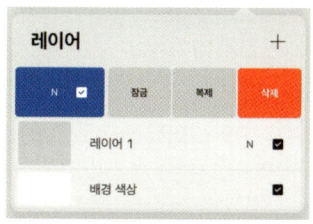

이번엔 손가락으로 레이어를 왼쪽으로 쓸어 보세요. 레이어가 왼쪽으로 밀리면서 〈잠금·복제·삭제〉 메뉴가 나타납니다.

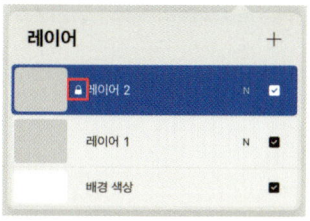

〈잠금〉은 레이어를 잠그는 기능으로, 배경이나 완성한 레이어는 〈잠금〉 설정을 하면 이름을 변경하거나 수정할 수 없게 돼요. 수정하면 안 되는 레이어는 이렇게 〈잠금〉 설정을 해 두면 실수를 줄일 수 있겠죠? 〈잠금〉 레이어는 레이어 이름 앞에 자물쇠 아이콘이 생겨 쉽게 구분할 수 있어요.

 TIP

잠근 레이어를 해제하려면 다시 왼쪽으로 쓸어 〈잠금 해제〉를 선택하세요.

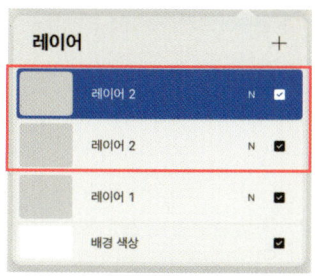

〈복제〉는 말 그대로 레이어를 똑같이 복제해 레이어를 하나 더 만드는 기능이에요. 레이어에 그려 둔 그림까지 그대로 복제된답니다. 단, 레이어 이름도 똑같이 생성되니 구분하기 위해선 레이어 이름을 바꾸어 두는 게 좋아요.

레이어 이름을 변경하고 싶다면 레이어를 한 번 더 터치해 보세요. 〈이름 변경, 선택, 복사하기 등〉 여러 레이어 메뉴가 나타나는데요. 여기서 맨 위에 있는 〈이름 변경〉을 선택하면 레이어 이름을 변경할 수 있어요.

 **TIP**

> 그림을 그리다 보면 레이어 수가 점점 늘어날 거예요. 이때 레이어를 잘 구분하지 못하면 하나의 레이어에 여러 요소를 그리는 실수를 할 수 있으니 레이어 이름은 그때그때 변경해 두는 걸 권한답니다.

레이어 지우기·삭제하기

그림을 그리다 보면 특정 레이어에서 그린 그림을 모두 지워야 할 때가 있어요. 이때 매번 ◆로 지우는 건 무척 번거로운 일이죠. 간단하게 지울 레이어를 터치해 레이어 설정창을 연 다음 〈지우기〉를 선택하세요. 해당 레이어에서 그린 그림을 깔끔하게 지울 수 있어요. 어때요? 간단하죠?

 **TIP**

> · 실수로 다른 레이어에서 작업한 걸 지웠다면 〈되돌리기〉를 터치해 되돌릴 수 있어요.
> · 특정 레이어를 잠시 보이지 않게 하려면 레이어 맨 오른쪽의 체크 박스를 터치해서 비활성화해 보세요. 레이어 숨김 상태가 되어 캔버스에선 보이지 않게 될 거예요.

레이어 그룹 만들기

프로크리에이트로 그림을 그릴 땐 스케치, 라인, 채색, 효과 등 최대한 레이어를 나누는 게 좋아요. 이렇게 레이어가 늘어나다 보면 레이어 창이 무척 복잡해지는데요. 이때 마치 여러 파일을 폴더에 넣듯이 레이어를 그룹으로 묶어 정리할 수 있어요.

레이어 그룹을 만드는 방법은 3가지가 있어요. 첫 번째는 홈 화면에서 캔버스를 꾹 눌러 다른 캔버스 위에 얹어 스택을 만들었던 것처럼 레이어를 꾹 눌러 그룹으로 묶고 싶은 다른 레이어 위로 겹쳐 올리는 거예요.

 **TIP**

레이어를 이동하려면 레이어를 꾹 누른 상태에서 원하는 위치로 끌어 옮긴 후 놓으면 돼요.

두 번째는 그룹으로 묶을 레이어를 한꺼번에 선택해서 그룹으로 묶는 거예요. 먼저 레이어 하나를 선택한 상태에서 그룹으로 묶을 다른 레이어들을 왼쪽에서 오른쪽으로 밀어 보세요. 그러면 레이어가 하늘색으로 변하면서 다중 선택이 되는데 이때 레이어 창 상단에 〈그룹〉을 탭하면 선택한 레이어들이 하나의 그룹으로 만들어져요. 삭제도 이런 방법으로 똑같이 진행하면 돼요.

세 번째 방법은 그룹으로 묶으려는 레이어가 위아래로 나란히 있을 때 사용할 수 있어요. 위에 있는 레이어를 두 번 터치해 레이어 옵션 창을 연 다음 가장 아래에 있는 〈아래로 결합〉을 선택해 보세요. 바로 아래에 있는 레이어와 그룹으로 묶인답니다.

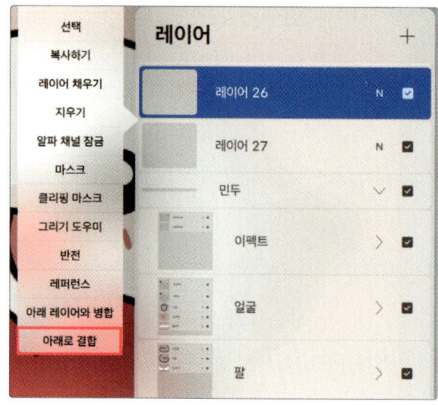

레이어 병합하기

여러 개의 레이어를 그룹으로 묶는 레이어 그룹과 달리 병합은 레이어를 합치는 기능이에요. 더 수정하지 않을 레이어를 합쳐서 레이어를 정리할 때 주로 사용한답니다. 앞서 〈아래로 병합〉으로 레이어를 묶을 때처럼 병합할 레이어를 위아래에 두고 위에 있는 레이어를 두 번 터치해 레이어 옵션 창을 열고 〈아래 레이어와 병합〉을 선택하세요.

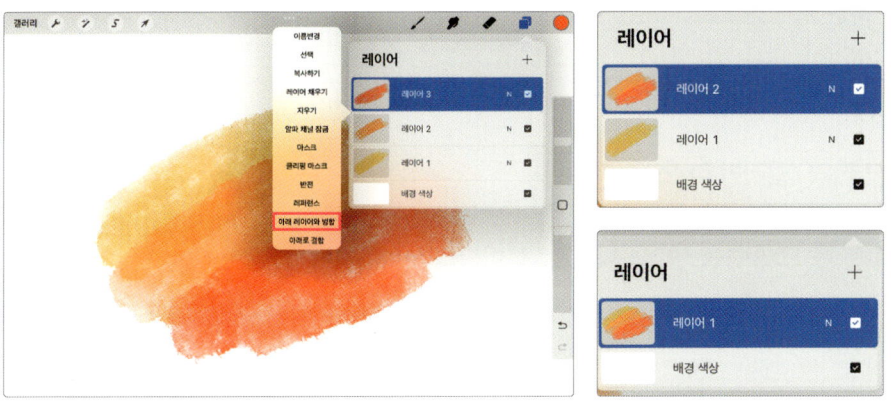

그룹으로 묶일 때와는 달리 2개의 레이어에서 그린 그림이 한 레이어로 합쳐지는 걸 볼 수 있어요. 레이어 창의 썸네일을 보면 레이어를 병합할 때마다 합친 레이어들이 하나의 그림이 되는 걸 볼 수 있어요.

레이어 불투명도 조절하기

앞서 레이어는 얇고 투명한 종이라고 표현했어요. 우리는 이 종이에 그림을 그리고 겹쳐서 하나의 그림을 완성하는 거죠. 그런데 그린 그림을 불투명하게 만들면 어떻게 될까요? 아래에 깔린 그림이 비치겠죠? 이렇게 레이어의 불투명도를 조절해 아래 레이어와 겹치는 효과를 낼 수 있어요. 레이어 불투명도를 조절하려면 레이어 오른쪽의 N을 터치해 보세요.

레이어 아래에 〈불투명도〉와 여러 효과가 나타나는 것을 볼 수 있어요. 바로 프로크리에이트에서 제공하는 혼합 모드랍니다. 〈보통 → 불투명도〉를 조절하면 지금 레이어에서 그대로 불투명도만 조절되지만, 다른 혼합 모드를 선택하고 불투명도를 조절하면 레이어에 여러 효과를 적용하면서 불투명도를 조절할 수 있어요. 하나씩 선택해 적용해 보세요!

> **TIP**
> 레이어의 속성을 바꾸면  이 다른 알파벳으로 바뀐답니다. (ex : 어둡게→Da, 오버레이→O 등) 이 알파벳으로 적용한 속성을 확인할 수 있어요.

〈알파 채널 잠금〉과 〈클리핑 마스크〉

그림 위에 그림을 그리다 보면 선 밖으로 선이나 색이 삐져나갈 때가 있어요. 이런 걱정 없이 맘껏 채색하고 그림을 그리는 방법이 있어요. 바로 〈알파 채널 잠금〉과 〈클리핑 마스크〉가 있다면요. 두 기능 모두 그릴 수 있는 영역을 제한하는 기능인데요. 먼저 〈알파 채널 잠금〉부터 살펴볼까요?

캔버스에 원을 하나 그려 보세요. 그런 다음 레이어를 두 번 터치해 레이어 옵션 창을 열고 〈알파 채널 잠금〉을 선택하세요. 그리고 그 위에 다른 색으로 선을 그어 보세요. 캔버스 위에 아무렇게나 그려도 기존에 그려진 그림을 벗어난 곳엔 그려지지 않을 거예요.

〈알파 채널 잠금〉을 설정하면 썸네일 배경이 투명하게 변한답니다.

<알파 채널 잠금>은 레이어에 그려진 영역만 활성화하는 기능이에요. 주로 해당 영역 색상을 변경하거나 그 안쪽에 그림을 그릴 때 가장 많이 사용해요.

하지만 이 기능은 나중에 복구하기가 어렵다는 단점이 있어요. 이럴 땐 <클리핑 마스크>를 사용해 보세요. 마찬가지로 캔버스에 원을 하나 그리고 그 위에 새로운 레이어를 추가해 선을 그어 보세요. 그런 다음 추가한 레이어를 두 번 터치해 레이어 옵션 창을 열고 <클리핑 마스크>를 선택하면 아래에 그린 원 그림 안에만 선이 들어가는 걸 볼 수 있어요.

> **TIP**
>
> 새 레이어는 <레이어> 창 오른쪽 상단의 를 터치해 만들 수 있어요.

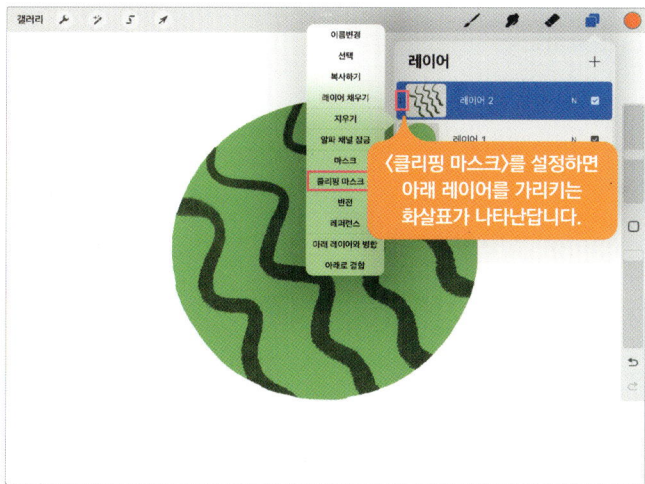

<클리핑 마스크>를 설정하면 아래 레이어를 가리키는 화살표가 나타난답니다.

〈클리핑 마스크〉를 적용한 레이어에 채색을 하면 아래 레이어에 귀속되어 그 영역에만 채색이 돼요. 되돌리고 싶거나 수정하려면 〈클리핑 마스크〉를 적용한 레이어만 수정하면 된답니다.

배경색 지정하기

그림에 맞게 배경색을 바꾸고 싶을 때가 있어요. 배경색 레이어를 따로 만들어 모조리 채색해도 좋지만, 더 간편한 방법이 있어요. 바로 기본 레이어인 〈배경 색상〉에서 색을 바꾸는 거예요. 〈레이어 → 배경 색상〉 레이어를 터치해 보세요.

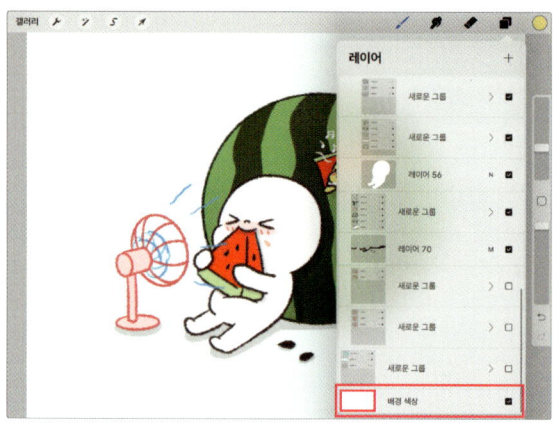

그럼 배경 색상을 선택할 수 있는 팔레트가 나타나는데, 이곳에서 원하는 색을 선택하면 단번에 배경색을 바꿀 수 있답니다.

배경을 투명하게 만들고 싶다면 레이어 오른쪽의 체크 박스를 해제하면 돼요. 캔버스의 색상이 사라지고 격자무늬 배경이 보인답니다. 이 위에 그림을 그리면 배경이 투명한 이미지가 만들어져요. 제안용 이모티콘을 저장할 때는 반드시 이 〈배경 색상〉 레이어를 해제한 상태로 저장하세요!

이렇게 레이어를 다양하게 활용하는 방법에 대해 알아봤어요. 어렵지 않죠? 아주 좋아요!

02-6
색상의 5가지 팔레트 알아보기

캔버스 상단의 맨 오른쪽 동그라미는 우리가 앞으로 그림을 그리면서 자주 사용하게 될 〈색상〉 기능이에요. 〈색상〉을 터치하면 창 아래에 〈디스크, 클래식, 하모니, 값, 팔레트〉라는 5가지의 하위 메뉴가 있어요. 각 색상 모드에 따라 특성과 사용법이 조금씩 다른데요. 각 모드를 조금 더 자세히 살펴보면서 어떻게 활용할 수 있는지 알려드릴게요.

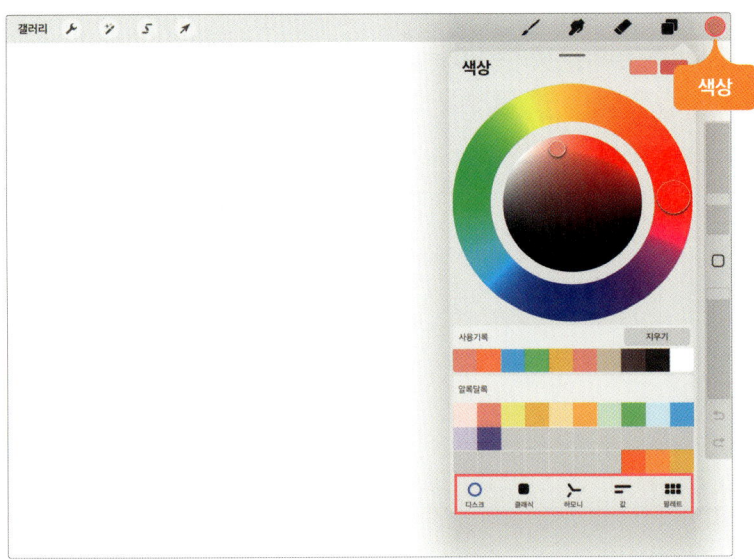

Q. 색상 창 오른쪽 위 네모 칸은 어떤 기능이에요?

A. <색상> 창 상단 오른쪽을 보면 2개의 네모 칸이 있어요. 새로운 색을 선택하면 왼쪽 칸의 색이 바뀌는데 이곳은 현재 색상이고 오른쪽 칸은 보조 색상이에요. 새로운 색을 선택했는데 이전 색으로 돌아가고 싶다면 <색상>을 길게 터치해 주세요. 다시 현재 색으로 돌아오려면 똑같이 <색상>을 길게 터치하면 된답니다. 아주 간단하죠?

<디스크>

<디스크>는 원형 색상환 형태의 색상 모드예요. 2가지 원으로 이루어져 있는데 바깥쪽은 **색상** 안쪽은 **명도**와 **채도**를 설정할 수 있어요. 안쪽 원을 더 크게 보고 싶다면 두 손가락으로 확대하는 제스처를 취해 보세요. 안쪽 원이 크게 보인답니다. 원래 모양으로 돌아가려면 다시 축소 제스처를 취해 보세요.

 **TIP**

- 채도란? 색상의 맑고 탁함 정도(채도가 높음 → 원색에 가까움 / 채도가 낮음 → 다른 색이 혼합됨)
- 명도란? 색상의 밝고 어두운 정도(명도가 높음 → 흰색 / 명도가 낮음 → 검은색)

〈클래식〉

〈클래식〉은 〈디스크〉와 달리 네모 형태의 색상 모드예요. 그 아래를 보면 바로 밑에 3가지 슬라이드바가 있는데, 위에서부터 차례로 색상 Hue, 채도 Saturation, 명도 Brightness를 조절할 수 있어요.

〈디스크〉와 〈클래식〉은 색상을 선택하는 방식의 차이일 뿐이니 여러분에게 더 편한 형태를 선택하세요!

〈하모니〉

〈하모니〉는 현재 선택한 색상과 어울리는 색을 추천해 주는 메뉴예요. 큰 원 안에 두 개의 원이 있는데, 큰 원이 현재 선택한 색, 작은 원이 현재 선택한 색과 대비되는 보색이에요. 보색을 고르고 싶을 땐 이 작은 원을 선택하면 돼요. 큰 원을 옮겨 색을 바꿀 때마다 그 색의 보색이 선택되어 쉽게 대비 색을 선택할 수 있답니다.

또, 색상 창 상단에 〈보색〉을 탭하면 〈보색, 보색 분할, 유사, 삼합, 사합〉과 같은 5가지 옵션을 볼 수 있어요. 어떤 옵션을 선택하느냐에 따라 작은 원에서 추천해 주는 색이 다양해지니 내가 찾는 색 대비에 따라 옵션을 선택해 재미있게 채색해 보세요.

> **TIP**
> · 보색이란? 색상 대비를 이루는 한 쌍의 색상
> · 유사란? 현재 선택한 색에 인접한 색. 유사색 배색은 색상 차가 적기 때문에 톤의 차를 두어 명쾌한 배색 연출 가능

〈값〉

〈값〉은 H(색상), S(채도), B(명도) 그리고 R(빨간색), G(초록색), B(파란색)라는 6개의 슬라이드바를 조정해 색상 값을 조정하거나 색상 코드를 입력해 색을 지정할 수 있어요. 색상 값은 어도비 컬러 사이트(color.adobe.com)와 같은 무료 컬러 사이트에서 원하는 색의 16진값을 복사해 간편하게 사용할 수 있어요.

> **TIP**
> 16진값이란? 사진이나 모니터로 표현되는 16진수 체계의 표현 방식. HTML 코드 "#"과 6자리 알파벳+숫자를 조합해 RGB 색상으로 표현해요.

〈팔레트〉

〈팔레트〉는 실제 물감 팔레트를 생각하면 이해하기 쉬워요. 물감을 팔레트 한 칸 한 칸에 짜놓고 사용하듯이 〈팔레트〉에도 원하는 색을 한 칸 한 칸 저장해 두고 필요할 때마다 사용하는 방식이에요. 칸마다 색을 직접 지정해도 좋지만, 좀 더 편하게 색을 지정하고 조합할 수 있도록 여러 가지 기능을 제공하고 있는데요. 팔레트 창 오른쪽 상단에서 ➕를 터치해 4가지 옵션을 살펴볼게요.

먼저 〈새로운 팔레트 생성〉을 선택하면 새 팔레트가 생성됩니다. 팔레트의 〈제목 없음〉을 터치해 이름을 변경할 수 있어요. 이름 옆에 (아이콘-첨부)를 터치하면 〈기본값으로 설정〉, 〈공유〉, 〈복제〉, 〈삭제〉 4가지 옵션이 나타나요. 이 중에서 〈기본값으로 설정〉을 터치하면 대표 팔레트로 지정되며 디스크, 클래식, 하모니, 값 어떤 메뉴에 가더라도 이 팔레트가 하단에 고정돼요.

다른 팔레트에서도 〈기본값으로 설정〉을 터치하면 간단하게 기본 팔레트를 변경할 수 있으니 그때그때 사용하는 팔레트를 변경해가며 사용하세요.

현재 선택한 색상을 팔레트의 빈 영역에 터치하면 물감을 짜듯 색상이 채워져요. 삭제하고 싶다면 색상 칸을 꾹 눌러 〈색상 견본 삭제〉를 터치하면 된답니다.

팔레트에는 〈소형, 카드〉라는 2개의 탭이 있어요. 컬러 한 칸 한 칸을 소형의 썸네일로 볼지 카드형으로 크게 볼지 선택할 수 있어요. 카드형을 선택하면 색상 설명을 함께 볼 수 있어 비슷한 색상일 때 설명으로 한번 더 구분할 수 있답니다. 색상 설명 부분을 터치하면 내가 원하는 이름으로 변경할 수도 있으니 자유롭게 활용해 보세요! 다시 ➕를 터치해 보세요. 두 번째 〈카메라로 새로운 작업〉을 터치하면 카메라와 연결되면서 카메라에 보이는 영역의 색상을 추출해 팔레트를 만들어 줍니다. 〈파일로 새로운 작업, 사진 앱으로 새로운 작업〉은 저장된 사진이나 이미지 파일의 색상을 추출해 팔레트로 만들어 줘요. 하나하나 지정하지 않고 원하는 화면이나 이미지 속 색상을 모두 추출할 수 있어요. 아주 편리한 기능이죠?

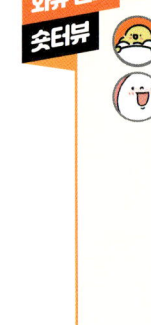

Q. 〈색상〉 창을 좀 더 편리하게 이용하는 방법이 있나요?

A. 색을 자주 변경한다면, 매번 〈색상〉을 터치해 팔레트를 열고 색을 선택하는 게 무척 번거로울 거예요. 이럴 때 실제 팔레트를 쓰듯이 색상 창을 항상 캔버스 위에 열어 두고 사용하는 방법이 있어요. 〈색상〉 창을 연 다음 창 위쪽 회색 핸들을 끌어 보세요. 메뉴에서 창이 분리되어 작업 중 매번 색상 창을 열어가며 번거롭게 선택하지 않아도 돼요. 작업 중 편리하게 바로바로 색상을 변경할 수 있어서 굉장히 추천하고 싶은 기능이랍니다! 창을 되돌리고 싶을 땐 〈x〉를 눌러 닫으면 돼요.

〈컬러 드롭〉과 〈자동 채우기〉

캔버스에 여러분이 그리고 싶은 모양을 그려보세요. 저는 달 모양을 그렸어요. 브러시로 달 안쪽을 칠해 볼까요?

어때요? 테두리 바깥으로 빠져나갈 염려도 있고 또 도형을 크게 그렸다면 그만큼 채색할 범위도 넓은데다 중간중간 비는 부분이 생길 수도 있어요. 따라서 이런 채색 방법은 작은 영역을 채색하거나 손그림 느낌을 낼 때 유용해요.

하지만 한번에 깔끔하게 채색을 해야 할 때는 쉽고 효율적인 2가지 방법이 있어요. 첫 번째 방법은 〈컬러 드롭〉이에요. 컬러 드롭이란, 말 그대로 색을 끌어와서 채우는 방법이에요. 바로 〈컬러 드롭〉으로 도형을 채워 볼까요?

이번에는 튤립을 그려 봤어요. 튤립 테두리를 그린 다음 새 레이어를 추가하고 테두리 안쪽은 다른 색으로 한번 더 그려 보세요. 이때 바깥으로 빠져나가도 걱정하지 마세요. 다 칠한 후에 지우개로 지우면 돼요.

 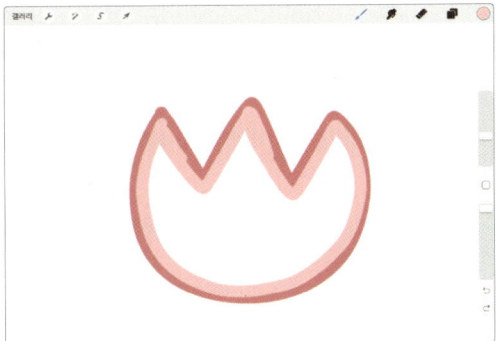

선을 그렸다면 이제부터가 중요해요. 〈색상〉을 선택해서 색칠하려는 영역 안으로 끌어온 다음 놔주세요. 채색할 영역을 그리고, 색을 끌어와서 놓기. 어때요? 엄청 간단하죠?

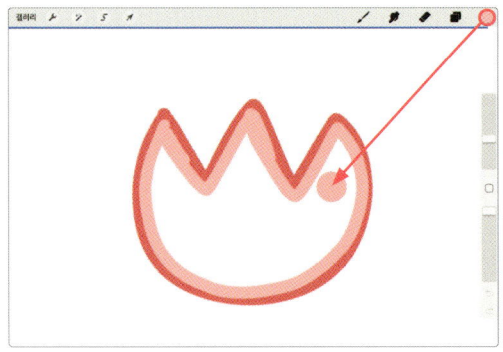

이때 채색을 깔끔하게 완성하려면 채색한 레이어를 테두리 레이어 아래로 옮겨 주세요. 그럼 테두리 레이어가 채색 레이어 위로 오면서 울퉁불퉁 색칠 된 부분이 가려지죠? 아주 좋아요!

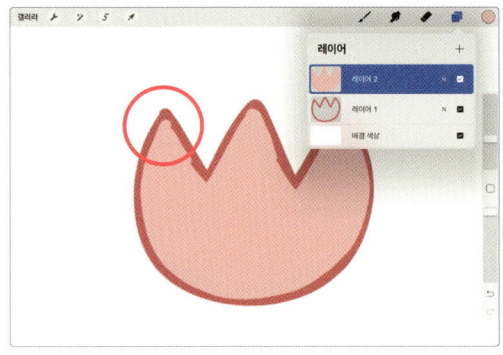 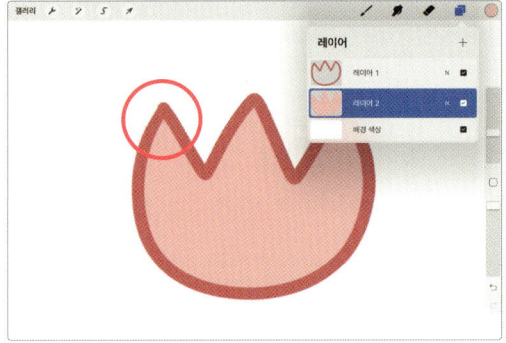

두 번째 채색 방법은 〈자동 채우기〉 기능이에요. 〈컬러 드롭〉만큼 간단하고 빠르답니다. 마찬가지로 채색할 그림의 테두리를 그리고 시작해야 해요. 이번에는 강아지 발바닥을 그려볼까요? 그리고 캔버스 왼쪽 상단에서 〈선택 S〉을 터치한 다음 아래 옵션 창에서 〈자동 → 색상 채우기〉를 선택하고 채색하려는 영역을 터치해 보세요. 테두리 안쪽이 깔끔하게 채색된답니다.

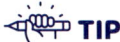 **TIP**

빈 레이어에 〈레이어 채우기〉 또는 컬러 드롭을 하면 캔버스 전체에 채색이 됩니다.

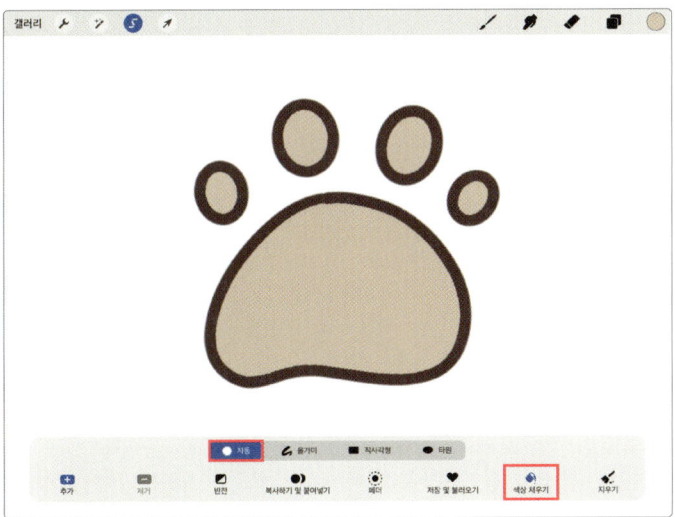

이렇게 채색하고 난 다음 색을 바꾸려면 〈색상〉에서 원하는 색을 선택하면 자동으로 색이 바뀝니다. 방금 채색한 색을 한 번에 바꾸고 싶을 때 유용하겠죠?

02-7
제스처 익히기

프로크리에이트는 아이패드라는 기기를 양껏 활용해 더 효율적으로 그림을 그릴 수 있도록 제스처 기능을 제공해요. 제스처는 태블릿, 모바일 기기에서 사진을 확대·축소할 때 손가락 모으기, 펼치기나 화면을 넘기는 슬라이드 같은 손동작을 뜻해요. 여기에 캔버스 회전, 레이어 지우기, 실행·실행 취소 등 그림을 더 쉽고 빠르게 그릴 수 있는 여러 가지 제스처가 있어요. 물론 이 모든 제스처를 외울 필요는 없어요. 사용하기 편한 것들만 내 것으로 만들어 활용하는 게 좋아요. 지금부터 알려 주는 제스처들을 하나씩 따라 해보고 자주 사용할 만한 기능들을 익혀서 편하게 사용해 보세요.

〈제스처 제어〉 활성화하기

제스처를 익히기 전에 먼저 제스처 메뉴를 설정이 필요합니다. 일부 제스처는 제어 설정이 필요하기 때문이죠. 캔버스 왼쪽 상단에서 〈동작 🔧 → 설정 → 제스처 제어〉를 탭해 새로운 창을 열어 보세요.

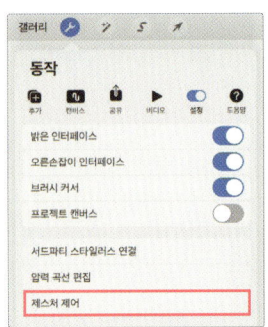

〈제스처 제어〉 창을 보면 왼쪽에는 제스처를 적용할 기능, 오른쪽엔 제스처 세부 설정이 있어요. 〈손가락, 지우기, 스포이드툴 … 〉 등 다양한 기능의 제스처를 설정할 수 있는데, 이제부터 나올 제스처는 제가 지금까지 그림을 그리며 가장 자주 그리고 편하게 써온 것들이에요. 어떤 제스처가 있는지 또 어떻게 활용하는지 파악한 다음 여러분의 편의에 맞게 자유롭게 설정해 보세요.

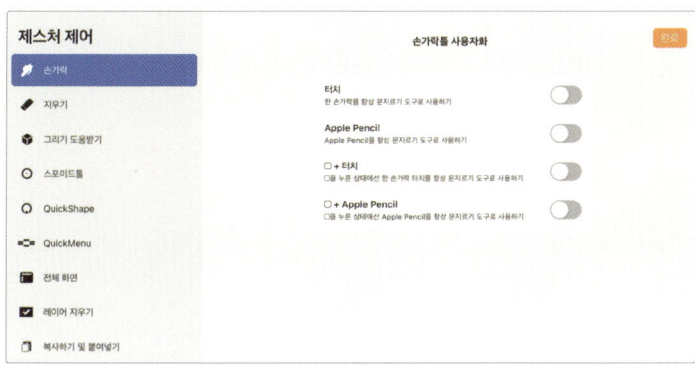

스포이드툴

〈스포이드툴〉은 과학 시간에 한 번쯤 사용해 본 스포이드라는 기구를 본떠 만든 기능이에요. 고무 주머니를 눌러 유리관으로 용액을 빨아들이듯이 여기서는 색을 빨아들여 추출하는 용도로 사용한답니다. 원하는 색을 추출할 때 무척 유용해요.

〈제스처 제어 → 스포이드툴 → 터치 후 유지〉를 선택한 다음 창 오른쪽 상단에 〈완료〉를 터치하세요.

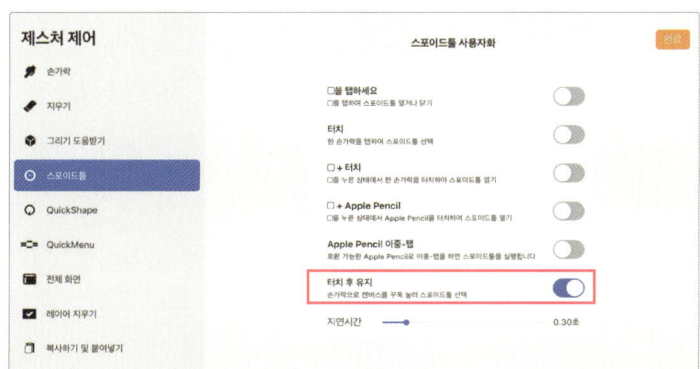

이렇게 설정한 제스처를 캔버스에서 바로 사용해 볼게요. 우선 〈색상〉에서 아무 색이나 터치한 다음 캔버스를 칠해 보세요. 그런 다음 캔버스 위 칠한 부분을 길게 터치하면 돋보기처럼 생긴 링이 나타나는 걸 볼 수 있어요. 이게 바로 〈스포이드툴〉이랍니다.

〈스포이드툴〉 제스처

〈스포이드툴〉을 자세히 보면 가운데를 중심으로 위아래 색이 다른 걸 볼 수 있는데요. 위쪽은 추출하려는 색상, 아래쪽은 마지막으로 선택한 색상이에요. 위쪽에 추출할 색상이 표시되면 화면에서 손가락을 떼보세요. 오른쪽 상단 〈색상〉이 방금 추출한 색으로 바뀌어 있을 거예요. 이렇게 원하는 색을 추출해 다른 영역에도 사용할 수 있답니다.

실행·실행 취소

PC에서 워드나 포토샵 같은 프로그램으로 작업을 하던 중 실수를 하면 〈Ctrl〉+〈Z〉로 가뿐하게 실행 취소를 할 수 있어요. 이 기능이 프로크리에이트에도 있답니다. 캔버스 오른쪽에서 브러시 크기와 불투명도를 조정할 때 사용했던 사이드바 아래쪽을 보면 실행·실행 취소 버튼이 있어요.

하지만 매번 이 버튼을 누를 필요 없이 제스처로도 쉽게 실행·실행 취소가 가능하답니다. 새 레이어에 동그라미, 세모, 네모를 그리고 〈실행 취소〉 제스처로 바로 전 단계로 이동해 볼 거예요. 제스처는 간단해요. 화면에 두 손가락을 동시에 터치하면 마지막으로 그린 네모가 사라져요.

〈실행 취소〉 제스처

이번에는 〈실행〉 제스처로 다시 네모를 그린 단계로 돌아가 볼 거예요. 세 손가락을 동시에 화면에 터치하면 다시 네모가 나타나요.

〈실행〉 제스처

이 제스처가 바로 〈실행〉이에요. 이렇게 손가락 두 개와 세 개로 〈실행〉과 〈실행 취소〉를 할 수 있어요. 왼손이든 오른손이든 그리고 어떤 손가락이든 상관없이 인식해요. 버튼을 찾아 누르지 않고 터치만 하면 되니까 작업 속도를 줄일 수 있답니다.

캔버스 확대·축소

그림을 그리다 보면 섬세하게 그리기 위해 캔버스를 확대해야 할 때가 있고 전체 그림을 확인하기 위해 캔버스를 축소해야 할 때가 있어요. 이때 확대·축소 제스처로 간편하게 캔버스 크기를 조절할 수 있어요. 스마트폰에서 사진을 확대하고 축소하는 동작과 같아요. 두 손가락을 펼치면 확대되고 두 손가락을 꼬집듯이 모으면 축소돼요. 어렵지 않죠?

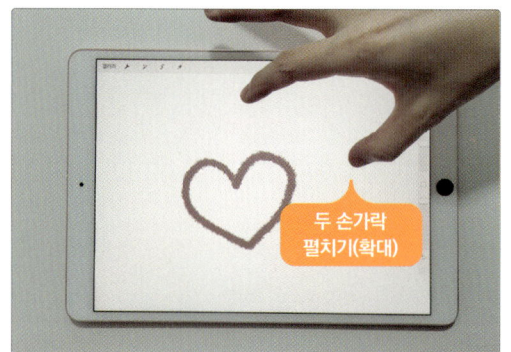 

캔버스 확대 제스처　　　　　　　　　　　캔버스 축소 제스처

캔버스 회전

캔버스 회전은 말 그대로 캔버스를 회전하는 제스처로, 확대·축소만큼 직관적이에요. 먼저 **〈동작 🔧 → 제스처 제어 → 꼬집기 제스처로 회전〉**을 활성화해 주세요.

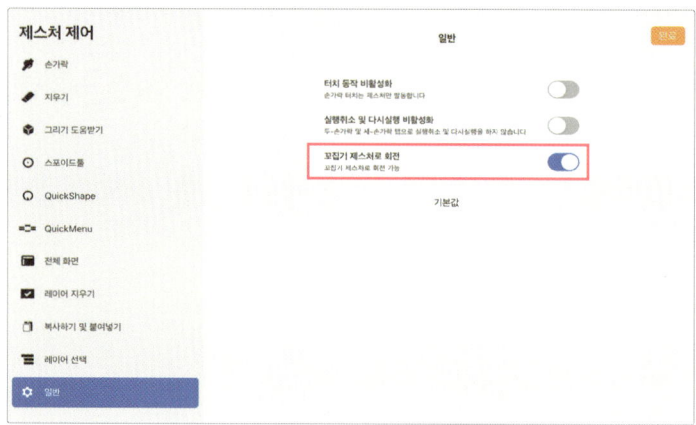

캔버스로 돌아와 두 손가락으로 캔버스를 꼬집은 다음 원하는 방향으로 회전시켜 보세요. 다시 캔버스를 원래대로 돌리고 싶다면 두 손가락으로 화면을 가볍게 꼬집었다가 놔주세요. 회전하고 꼬집고, 엄청 간단하죠?

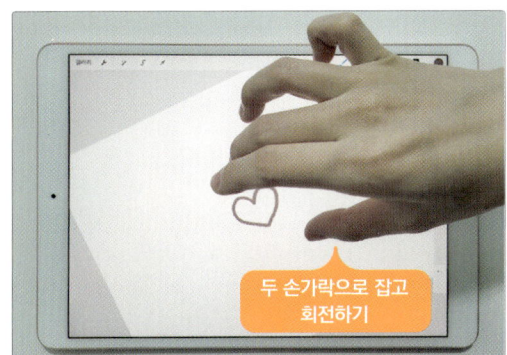

캔버스 회전 제스처

퀵메뉴

퀵메뉴는 자주 사용하는 기능을 즐겨찾기해 두고 필요할 때 간단하게 꺼내 사용할 수 있는 기능이에요. 기본적으로 캔버스를 '터치 후 유지'했을 때 활성화되는데, 앞서 〈스포이드툴〉 제스처를 '터치 후 유지'로 바꾸었다면 퀵메뉴를 부르는 제스처도 자동으로 변경되어 있을 거예요. 〈동작  → 제스처 제어 → QuickMenu〉를 보면 〈□을 탭하세요〉가 활성화되어 있을 거예요.

> **TIP**
> 퀵메뉴를 활성화하는 여러 제스처가 있으니 자신에게 편한 방식을 선택해도 좋아요.

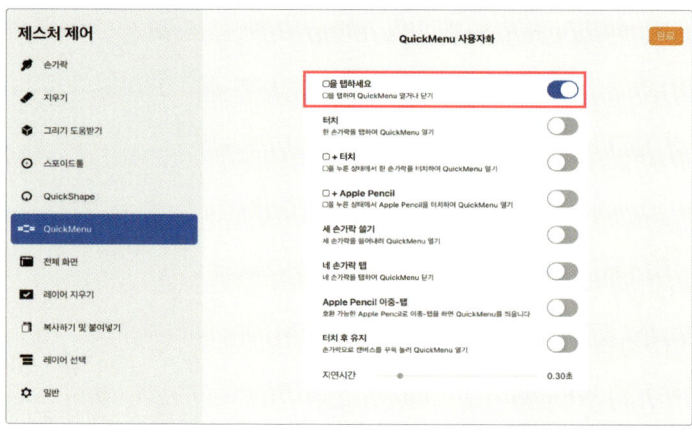

퀵메뉴를 불러와 볼까요? 캔버스로 돌아와 오른쪽 슬라이드바 가운데 있는 □을 터치해 보세요. 그럼 캔버스 위에 'QuickMenu 1'이라는 퀵메뉴가 활성화되고 〈수직으로 뒤집기, 레이어 지우기, 복사하기 …〉 등 6개의 메뉴가 함께 나타날 거예요. 이 메뉴는 자주 쓰는 기능으로 변경할 수 있어요. 변경할 메뉴를 길게 터치해 〈액션 설정〉 창을 열고 변경하고 싶은 기능을 선택하면 된답니다.

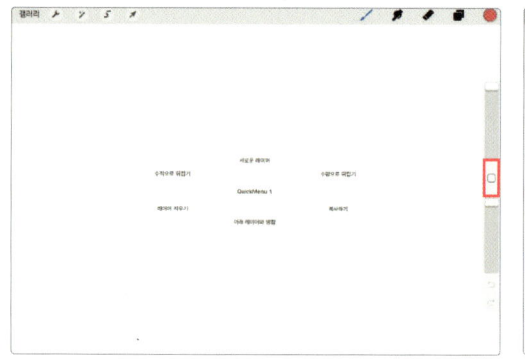

퀵메뉴 불러오기 제스처

퀵메뉴 설정하기

퀵메뉴를 여러 개 만들 수도 있고 퀵메뉴 가운데 이름을 터치해 이름을 변경할 수도 있어요. 마치 즐겨 찾는 기능을 폴더로 묶듯이 정리할 수 있으니 나만의 퀵메뉴를 만들어 보세요.

슬라이드바 이동·숨김

캔버스를 넓게 쓰면서 그림을 그리다 보면 종종 슬라이드바가 불편하게 느껴질 수 있어요. 이럴 때 슬라이드바를 옮기거나 잠깐 숨길 수 있다면 무척 편리하겠죠? 슬라이드바 가운데를 아이패드 안쪽으로 살짝 당겼다가 위아래로 옮겨 보세요. 슬라이드바의 위치를 옮길 수 있어요.

 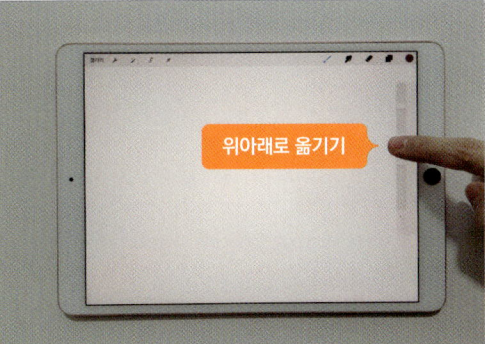

슬라이드바 이동 제스처

또는 슬라이드바를 완전히 숨길 수도 있어요. 슬라이드바 숨김을 활성화하려면 먼저 〈동작 🔧 → 제스처 제어 → 전체 화면〉에서 〈네 손가락 탭〉을 활성화해 주세요.

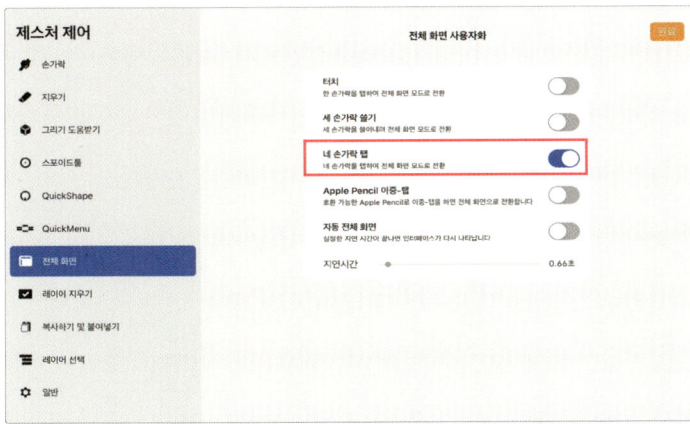

그런 다음 캔버스에서 네 손가락으로 화면을 터치해 보세요. 슬라이드바를 포함해 위쪽 메뉴까지 전체 숨김 상태가 되어 화면 전체를 캔버스로 사용할 수 있답니다. 메뉴와 슬라이드바를 불러오려면 다시 네 손가락으로 화면을 터치하세요.

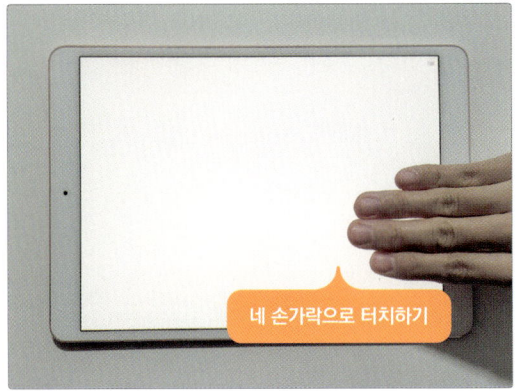

전체 화면 제스처

복사·붙여넣기

그림을 그리다 보면 레이어를 복제하거나 선택 영역을 복사하고 붙여넣어야 하는 경우가 자주 있답니다. 이럴 때 매번 레이어 창을 열거나 〈선택 S 〉에서 복사·붙여넣기 옵션을 찾을 필요 없이 제스처로 간단하게 해결할 수 있어요. 먼저 〈동작 🔧 → 설정 → 제스처 제어 → 복사하기 및 붙여넣기〉에서 〈세 손가락 쓸기〉가 활성화되어 있는지 확인하세요.

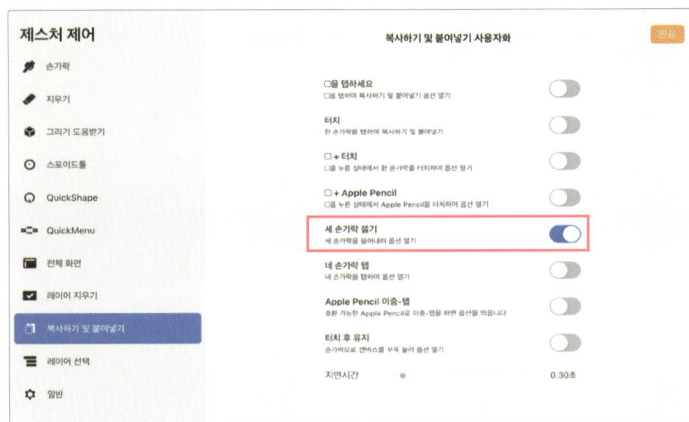

이제 캔버스에서 복사·붙여넣기를 적용할 레이어를 선택하고 캔버스 위에서 세 손가락을 아래로 쓸어내려 주세요. 그럼 〈복사하기 및 붙여넣기〉라는 창이 뜬답니다. 〈잘라내기, 복사하기, 붙여넣기〉 그리고 레이어를 복제하는 〈복제〉까지. 여러 기능을 하나의 창에서 활용할 수 있어요. 이 기능들은 자주 사용하게 될 테니 세 손가락 쓸어내리기 제스처는 꼭 기억해 주세요!

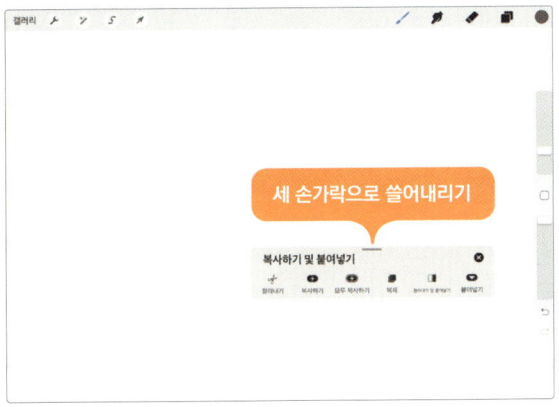

레이어 선택

작업을 하다 보면 레이어가 겹겹이 쌓여 특정 레이어를 찾아 레이어 창을 헤매는 일이 생길 거예요. 이럴 때 캔버스에서 바로 레이어를 선택하는 제스처가 있답니다. 먼저 〈동작 🔧 → 설정 → 제스처 제어 → 레이어 선택〉에서 〈□+터치〉를 활성화하세요.

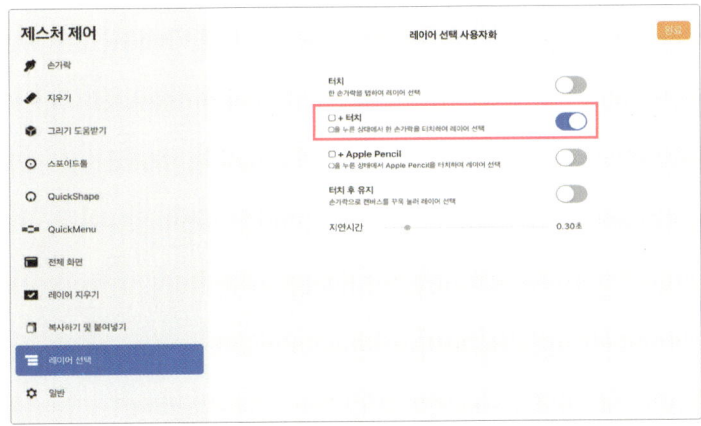

캔버스로 돌아와 2개의 레이어를 만들고 그림을 그려 보세요. 저는 배경을 칠하고 그 위에 간단한 하트 도형을 그려 봤어요. 여기서 하트 도형 레이어를 선택하려면 레이어 창을 열어야 하지만, 제스처로 간단하게 선택해 볼게요. 오른쪽 슬라이드바에서 □을 터치한 상태로 손가락 하나로 하트 도형을 터치해 보세요. 하트 도형 레이어가 선택되는 것을 볼 수 있어요. 이 기능은 포토샵 같은 그래픽 프로그램에서도 자주 사용하는 유용한 기능으로, 특히 레이어가 겹겹이 쌓였을 때 레이어를 찾는 시간을 줄여 주는 아주 편리한 기능이랍니다.

레이어 지우기·불투명도

그림을 그리다 보면 레이어 전체 그림을 지우고 싶은데 ◢로 지우긴 그림이 크거나 번거로울 때 한번에 지우는 제스처가 있어요. 〈동작 🔧 → 설정 → 제스처 제어 → 레이어 지우기〉에서 〈문지르기〉가 활성화되어 있는지 확인하세요.

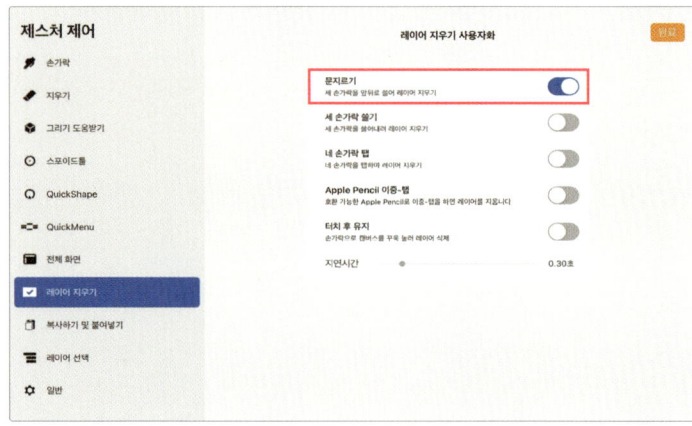

캔버스에 그림을 그리고 세 손가락을 화면에 댄 다음 좌우로 가볍게 문질러 보세요. 캔버스에 그린 그림이 한번에 지워지는 걸 볼 수 있어요. 단, 〈레이어 지우기〉는 선택한 레이어가 기준이므로 지우려는 레이어가 선택되어 있는지 먼저 확인하세요!

레이어 지우기 제스처

또는 레이어를 불투명하게 만들어 색을 연하게 하거나 아래 레이어와 겹쳐야 할 때도 있어요. 이럴 땐 불투명도를 조절하고 싶은 레이어를 두 손가락으로 터치해 보세요. 캔버스 상단에 **"불투명도 – 슬라이드하여 조정"**이라는 문구가 나타나면 캔버스를 좌우로 슬라이드해 불투명도를 조절할 수 있어요. 오른쪽으로 슬라이드하면 불투명도가 높아져 선명해지고 왼쪽으로 슬라이드하면 불투명도가 낮아져 투명해질 거예요.

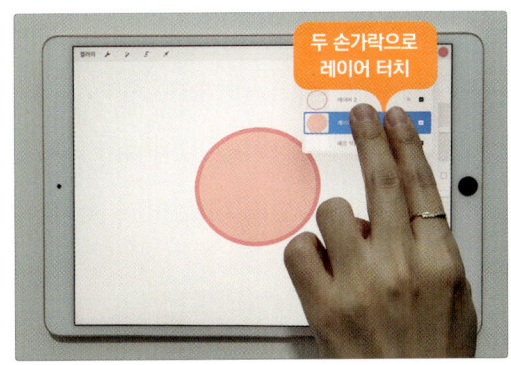 

레이어 불투명도 조절 제스처

레이어 병합

프로크리에이트는 만들 수 있는 레이어 개수가 한정되어 있어요. 그래서 레이어가 점점 늘어난다면 더 이상 수정할 필요가 없는 레이어는 병합해 개수를 줄여야 한답니다. 이때 레이어 창을 열어 병합할 레이어를 선택한 다음 〈레이어 병합〉을 하는 방법도 있지만 제스처로 가뿐하게 병합할 수 있어요.

먼저 레이어 창을 열고 병합하고 싶은 레이어들을 모으는 느낌으로 빠르게 꼬집어 주세요. 그럼 2개 이상이었던 레이어가 하나로 합쳐진답니다.

> **TIP**
> 최대 레이어에 대한 자세한 내용은 '02-2 새로운 캔버스 만들기'를, 레이어를 병합하는 또 다른 방법은 '02-5 레이어 이해하기'에서 확인할 수 있답니다.

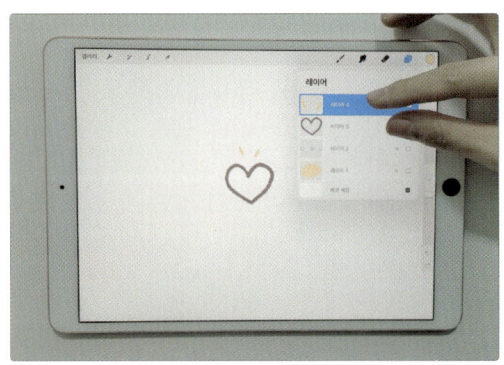

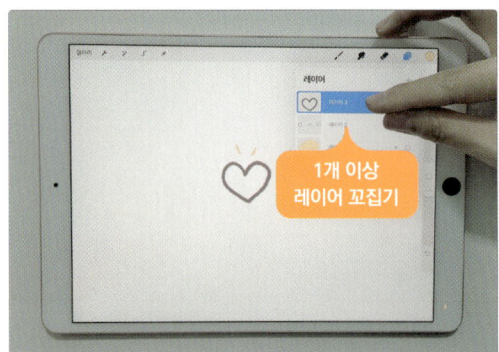

레이어 병합하기 제스처

알파 채널 잠금

레이어에서 자주 쓰는 기능 중 하나가 〈알파 채널 잠금〉이에요. 특정 영역에만 그림을 그릴 때 무척 유용하죠. 〈알파 채널 잠금〉을 제스처로 빠르게 설정하려면 두 손가락으로 레이어를 오른쪽에서 왼쪽으로 밀어 주세요. 그럼 레이어 썸네일 배경이 바둑판 모양이 되면서 〈알파 채널 잠금〉이 활성화된 걸 볼 수 있답니다. 비활성화하려면 활성화할 때와 마찬가지로 왼쪽에서 오른쪽으로 한번 더 밀어 주면 돼요.

> **TIP**
> 〈알파 채널 잠금〉 사용법은 '02-5 레이어 이해하기'를 확인하세요.

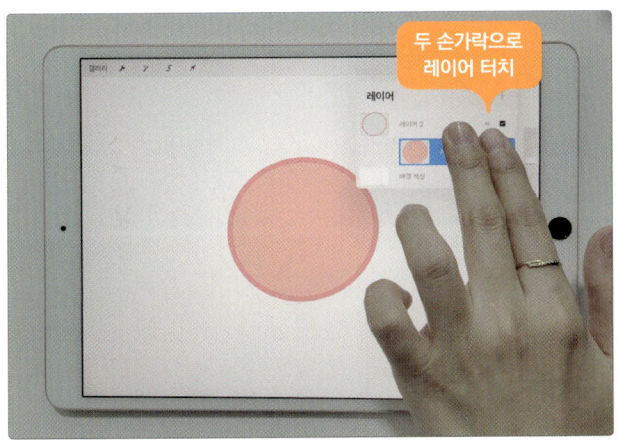

제스처는 이모티콘 제작에 필수 기능은 아니지만 자주 쓰는 메뉴를 매번 찾고 적용하는 시간을 줄일 수 있어요. 지금까지 살펴본 제스처를 한번씩 따라 해보고 또 나에게 맞는 제스처로 바꿔 보면서 자주 쓰는 기능의 제스처는 꼭 익혀 두세요. 프로크리에이트로 그림을 그리는 과정이 훨씬 쉽고 빨라질 거예요.

단일 터치 제스처 도우미

지금까지 함께 알아 본 터치 제스처를 팝업 창으로 띄워 두고 한 번의 터치로 실행할 수도 있어요. 두 손가락으로 터치하는 과정보다 한번의 터치로 진행하고 싶다면 이 기능을 활용해도 좋아요. 〈동작 → 도움말 → 고급 설정〉에서 〈단일 터치 제스처 도우미〉를 활성화하면 새로운 팝업 창이 나타난답니다.

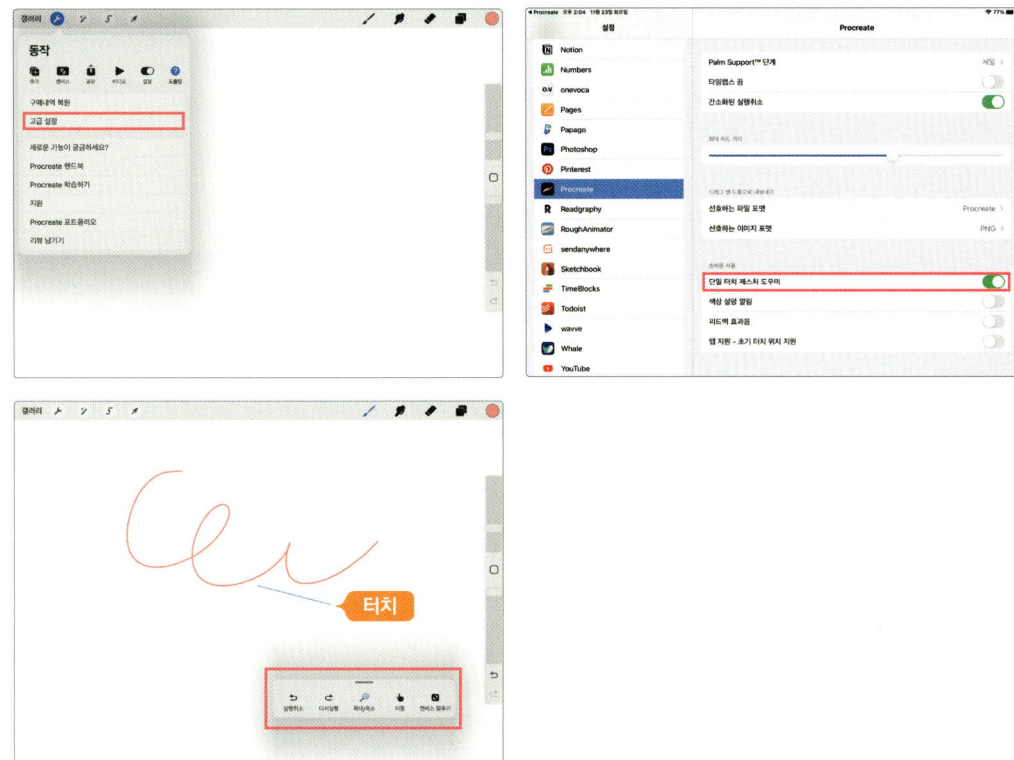

터치 제스처는 조금 더 편리하게 그림을 그리기 위한 도구이니 자유롭게 사용하며 경험해 보세요!

3장

이모티콘의 탄생, 기획하기

사랑받는 이모티콘은 어떻게 탄생할까요? 이모티콘 제작에서 가장 중요한 기획! 어떤 이모티콘을 만들 것인지부터 시작해 캐릭터에 매력을 담는 법 그리고 스토리를 담는 쉬운 방법까지 알아볼 거예요. 이모티콘을 기획하는 순서를 그대로 담았으니 '과제'까지 꼼꼼히 챙기면서 차근차근 따라 와주세요.

- ☑ 03-1 사랑받는 이모티콘을 위한 캐릭터 구상법
- ☑ 03-2 나만의 캐릭터 구상하기
- ☑ 03-3 24개의 이모티콘 감정·표현 기획하기

03-1 사랑받는 이모티콘을 위한 캐릭터 구상법

사랑받는 이모티콘을 만들려면 가장 먼저 구상이 필요해요. 크게 두 가지로 나눌 수 있는데, 하나는 **콘셉트 중심**으로 구상하는 것이고 나머지 하나는 캐릭터의 세계관을 만들어 **스토리 중심**으로 구상하는 것입니다. 때에 따라 이 두 가지를 번갈아가며 사용할 수도 있어요. 우선 두 가지 구상법을 하나씩 따라 해보며 내가 만들고 싶은 이모티콘은 어디에 더 가까운지, 또 어떻게 구체화할 수 있을지 고민해 보세요.

콘셉트 중심으로 구상하기

콘셉트 중심으로 이모티콘을 구상할 때는 당연히 콘셉트를 먼저 생각해야 해요. 그리고 콘셉트에서 가지를 뻗어 캐릭터, 그림체, 이모티콘 형태(움직이는 이모티콘, 멈춰 있는 이모티콘), 타깃 등을 정할 수 있기 때문이죠. 가령 개그 콘셉트를 잡았다면 거기에 맞는 캐릭터를 설정하고 캐릭터에 어울리는 그림체를 만든 다음 이모티콘 형태까지 결정할 수 있죠.

물론 순서는 반대가 될 수 있어요. 형태나 유형을 선택하고 거기에 맞는 콘셉트를 결정할 수도 있고, 이모티콘을 사용할 사람을 특정한 다음 그 사람에 맞는 이모티콘 콘셉트를 잡을 수도 있어요. 이런 식으로 콘셉트, 캐릭터, 그림체를 하나씩 만들면서 이모티콘을 구상하면 정체성이 더욱 확실한 이모티콘을 완성할 수 있어요.

개그/드립+로토스코핑+움직이는 이모티콘
(애니멀 특전대 싸우면서 정든우정 −찬비)

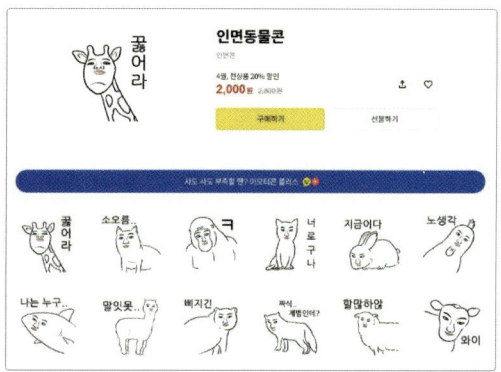

병맛형+멈춰 있는 이모티콘(인면동물콘 −인면콘)

캐릭터형+동물+멈춰 있는 이모티콘
(내성적이었던 어린 토끼 −내성적토끼)

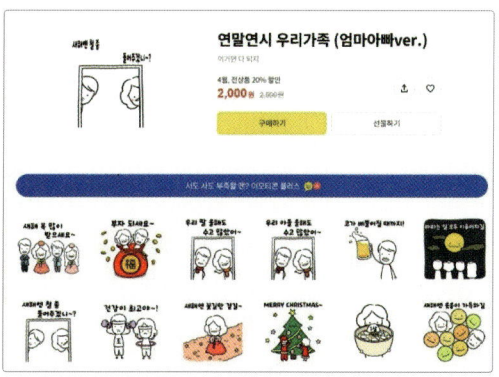

관계형+시즌형+사람+움직이는 이모티콘
(연말연시 우리가족 − 이거면다되지)

스토리 중심으로 구상하기

꾸준히 사랑받는 캐릭터를 만들려면 그 캐릭터의 배경 스토리를 만드는 과정이 필요해요. 사람이나 동물 심지어 사물에도 각각 지니고 있는 특별한 매력과 개성이 있듯이 내 캐릭터에도 매력과 개성을 부여해야 하죠. 그러려면 캐릭터의 스토리, 즉 세계관을 구상하는 과정이 굉장히 중요하답니다.

스토리 중심 이모티콘의 대표적인 예 '카카오 프렌즈'

캐릭터의 배경 스토리를 구상할 때는 나 또는 주변의 누군가를 떠올리거나 가상의 인물을 상상하는 것도 좋아요. 매력적인 키워드들을 연결해서 캐릭터의 성격과 형태를 만들어 나가면 나만의 특별한 캐릭터를 만들 수 있어요. 또, 나에게만 특별한 것이 아니라 캐릭터를 보는 사람들도 친근감을 느끼고 감정이입을 할 수 있는 장치가 된답니다.

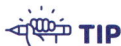 **TIP**

> 캐릭터의 스토리를 구상하는 방법은 '03-2 나만의 캐릭터 구상하기'에서 자세히 설명할게요.

> **과제** **내 이모티콘 구상하기**
>
> ☑ 콘셉트 또는 스토리 중 어떤 이모티콘을 만들지 하나를 선택해 보세요.
>
> ☑ 콘셉트 중심을 선택했다면 그 콘셉트에 맞는 캐릭터와 이모티콘 유형 그리고 누가 이 이모티콘을 사용할지 생각해 보세요.
>
> ☑ 스토리 중심을 선택했다면 어떤 캐릭터를 만들고 싶은지, 캐릭터의 성격은 어떤지 가볍게 생각해 보세요.
>
> **TIP**
>
> 이모티콘 스토어를 열어 여러 이모티콘을 둘러보며 콘셉트 중심인지 스토리 중심인지 구분하고 분석해 보세요.

03-2 나만의 캐릭터 구상하기

콘셉트 중심이든 스토리 중심이든 결과적으로 나만의 캐릭터가 완성되어야 하는데 기왕이면 꾸준히 사랑받는 캐릭터라면 좋겠죠? 그러기 위해선 캐릭터가 매력적이어야 해요. 매력적인 캐릭터를 만드는 게 바로 작가의 역할이죠. 매력적인 캐릭터는 어떻게 탄생하는지 다음 단계를 차근차근 따라 오면서 고민해 보세요!

주변을 관찰하고 기록하기

아이디어를 도출하는 가장 좋은 방법은 **관찰과 기록**이에요. 자리에 가만히 앉아서는 창의적인 걸 떠올리는 게 쉽지 않아요. 일상에서 무심코 지나치던 것들을 유심히 관찰해 특징을 발견하는 눈을 기르고, 번뜩이는 것들은 그때그때 기록하는 습관이 아이디어를 도출하는 가장 빠르고 좋은 방법이랍니다.

그럼 관찰과 기록은 어떻게 하는 걸까요? 우리가 주변에서 흔히 보고 들을 수 있는 무엇이든 좋아요. 우연히 본 어떤 사람의 헤어 스타일, 재치 있게 말하는 친구, 리액션 잘하는 동료, 친절한 종업원, 사람 같은 표정의 강아지, 애교 넘치는 길고양이, 꽃을 좋아하는 우리 엄마, 웃음 짓게 만드는 광고 카피, 예능 프로그램 출연자, 웃음소리가 호탕한 삼촌 등등. 일상 어디서든 캐릭터로 제작하면 재미있을 것 같다는 생각이 든다면 그때가 바로 기록을 할 때랍니다.

저는 이렇게 떠오른 아이디어를 적는 노트를 '아이디어 노트'라고 해요. 아이디어 노트에 기록하는 방법은 정해져 있지 않아요. 자유롭게 기록해 보세요. 번뜩 떠오른 한 단어나 문장 또는 구구절절 설명하는 글도 좋고 캐릭터의 특징을 기록하고 싶다면 낙서하듯 그림으로 남겨도 좋아요. 어떠한 인물의 말투나 그 인물이 자주 쓰는 말을 기록해도 좋겠죠?

기록하는 도구도 무엇이든 좋아요. 펜과 종이 또는 스마트폰만 있다면 어디서든 관찰하고 기록할 수 있죠. 자주 쓰는 메모장 어플이든 나와의 채팅이든 그때그때 기록할 수 있다면 어디든 좋아요. 단, 새로운 앱을 받는다거나 평소 쓰지 않는 노트를 가지고 다니면 편의성이 떨어질 수 있으니 바로바로 꺼내 쓸 수 있는, 평소 쓰던 앱이나 노트를 활용해 보세요. 기록하는 습관이 들면 이 기록들이 차곡차곡 쌓여 보물 같은 소재가 된답니다.

 화유 쌤의 숏터뷰

 Q. 작가님은 어디에 어떻게 아이디어를 기록하시나요?

A. 저는 주로 스마트폰이나 아이패드 어플을 이용해요. 스마트폰에선 '네이버 메모'나 '노션', '구글 Keep'을 이용하고, 그림을 그릴 때엔 아이패드의 '프로크리에이트'나 '굿노트'를 이용해요.

과제 **관찰하고 기록하기**

☑ 내 주변에서 인물, 동물, 사물 등을 관찰하고 재미있는 점 또는 눈에 띄는 점 등을 기록해 보세요.

 TIP

주제를 정하고 기록해도 좋지만, 아이디어를 쏟아내듯 자유롭게 적어 보는 것도 좋아요!

캐릭터 스토리 구상하기

콘셉트가 정해졌다면 이제 내 캐릭터에 맞는 스토리를 구상할 차례예요. 스토리를 구상할 때는 자유롭게 생각나는 아이디어를 연결 짓는 게 중요해요. 이때 가장 쓰기 좋은 생각 도구가 바로 마인드맵이에요. 따라서 이번엔 간단한 마인드맵으로 내 캐릭터에 생명을 불어 넣어볼 거예요.

앞서 캐릭터를 콘셉트 중심과 스토리 중심의 2가지 구상법으로 구분했는데 이 중 스토리를 중심으로 구상한 제 캐릭터가 바로 '민두'랍니다.

스토리 중심 구상으로 탄생한 '민두'

민두는 지금의 완전한 형태가 되기까지 꽤 오래 구상을 했고 계속 다듬는 과정이 있었어요. 처음부터 완벽하게 만들어야겠다고 생각하기보다는, 조금씩 조금씩 다듬어 간다고 생각하면 조금 더 편한 마음으로 시작할 수 있을 거예요.

> **TIP**
> 마인드맵을 하는 도구는 연습장과 펜도 좋고 평소 자주 쓰던 노트 앱도 괜찮아요. 저는 앞으로 우리가 이모티콘을 만들 '프로크리에이트'를 이용해 마인드맵을 그려 볼게요.

처음은 '나'라는 사람에서부터 시작했어요. 내가 표현하고 싶은 것들을 나 대신 잘 전달해 줄 수 있는 캐릭터를 만들고 싶었거든요. 그래서 내가 어떤 사람이고 싶고 어떤 모습으로 보이고 싶은지 또 다른 사람에게 어떤 영향을 주고 싶은지 하나하나 적었어요.

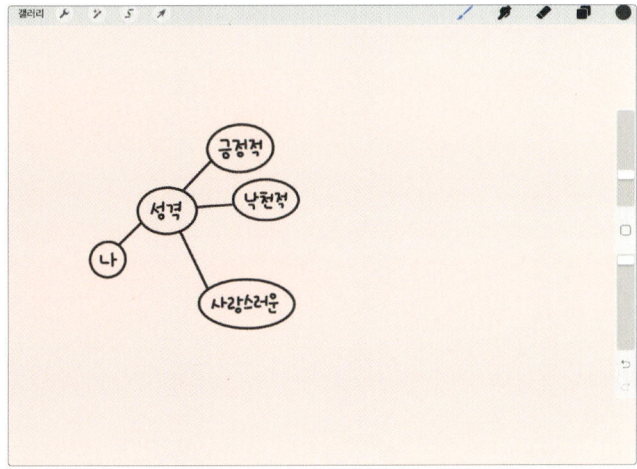

그런 다음 내가 갖고 싶은 성격, 성향을 형용사나 단어로 적었어요. 나뭇가지가 하나씩 뻗어 나간다고 생각하면서 큰 틀을 만드는 거예요. '웃음, 행복, 밝은, 도전'이라는 단어들을 적어 보았어요.

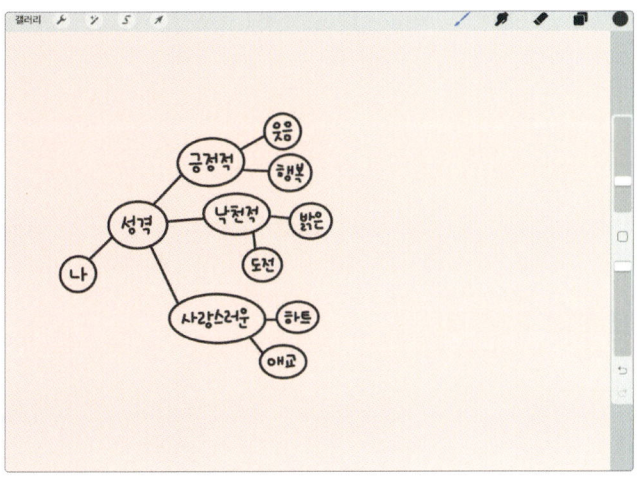

이제 이런 성격을 가진 캐릭터라면 어떤 모습이 떠오르는지 또 다른 가지를 뻗어 보았어요. 이렇게 적은 단어들을 보고 연상되는 것들도 함께 적어요. 꼭 말이 되는 것만 적어야 하는 건 아니에요. 단어를 봤을 때 떠오르는 무엇이든 자유롭게 다 적어 보세요. 저는 '밝은 → 하얀 → 밀가루 → 반죽'을 이어 보았어요.

이렇게 마인드맵을 모두 그렸다면 선택하고 조합할 단어들 위에 형광펜을 그어 보세요. 이런 단어들이 바로 내 캐릭터의 형태, 성격과 특징을 잡는 키워드가 돼 줄 거예요.

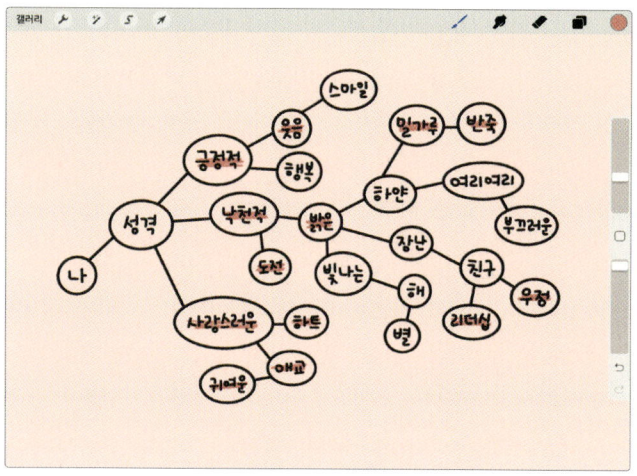

이렇게 민두는 긍정적이고 낙천적이면서 사랑스럽고 우정을 소중히 여길 줄 아는 리더십 있는 반죽 캐릭터가 되었어요. 실제로 이런 방법으로 민두가 탄생했고 여기에 조금 더 스토리를 붙여서 지금의 민두가 되었어요. 여러분도 마인드맵으로 캐릭터의 스토리를 구상해 보세요. 한층 더 탄탄한 스토리가 완성되는 걸 느낄 수 있을 거예요.

> **과제** **마인드맵으로 캐릭터 스토리 구상하기**
>
> ☑ 마인드맵으로 연상되는 여러 단어를 연결해 내 캐릭터의 성격, 특성, 외형 등을 구상해 보세요. 마인드맵의 시작 지점은 '나'도 좋고 관찰하고 기록해 둔 내용에서 선택해도 좋아요.
>
> ♥ **TIP**
>
> 가지(단어)가 많을수록 활용할 수 있는 키워드가 다양해지니 천천히 시간을 두고 채워 보세요!

캐릭터 형태 구상하기

캐릭터의 형태를 결정하기 위해서는 사람, 동물, 식물, 과일, 구름, 물방울 등 형태를 먼저 선택해야 해요. 결정하기 어렵다면 평소 내가 좋아하던 것 또는 주변에서 눈에 띄는 걸로 선택해도 좋아요. 가장 좋은 건 평소에 관심이 있고 좋아하던 것, 일상에서 흔히 보던 것이어야 그림도 즐겁게 그릴 수 있어요. 가령 제 캐릭터 중 '삐뿌'는 민두의 친구라는 설정에서 시작해 형태를 중심으로 만든 캐릭터예요. 이 외에도 문구를 먼저 생각해놓고 그에 맞춰 캐릭터를 만드는 방식도 있어요.

형태 중심으로 탄생한 '삐뿌'

이번에는 앞서 만들어 둔 마인드맵에서 형광펜으로 표시해 둔, 선택한 키워드들을 쭉 적어볼 거예요. 그리고 캐릭터의 성격이 될 키워드와 형태가 될 키워드를 구분했어요. 여기서부터는 상상력을 조금 더해 주면 좋아요. 가상의 캐릭터이기 때문에 조금 과장되거나 현실에서 일어날 수 없는 일을 상상해 보는 것도 좋아요.

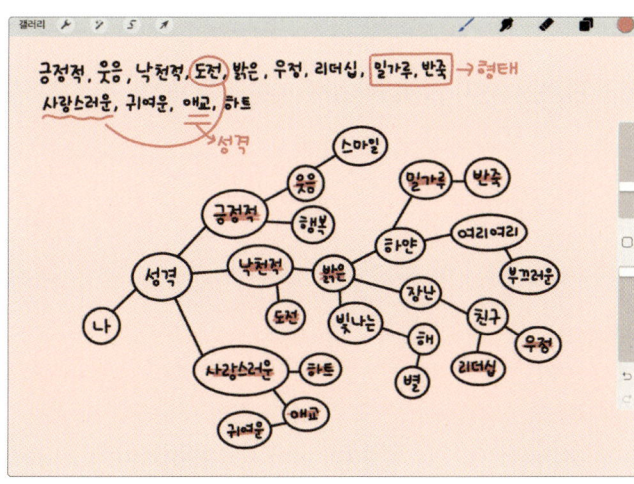

적어 둔 키워드들을 연결하면서 캐릭터의 성격과 형태를 완성해 스토리를 만들어 보세요. 저는 사람을 사랑해서 사람의 모습을 따라 하는 밀가루 반죽 형태의 성별이 없는 어린 아이를 만들었어요. 애교가 많아서 애정표현을 잘 하지만, 부끄러움도 많아서 볼이 발그레하죠. 성격은 늘 긍정적이고 낙천적이어서 웬만한 일에는 웃음으로 대하는 친구, '민두'가 완성되었어요.

이런 식으로 키워드를 나열하고 연결해 캐릭터의 성격과 스토리를 만들 수 있어요. 나이나 성별, 직업 등 좀 더 구체적인 부분들을 정해 두면 그 특징에 맞춰 캐릭터를 만들고 표현까지 쉽게 할 수 있어요.

> **과제** **캐릭터 성격&형태 구상하기**
>
> ☑ 앞서 과제에서 그린 마인드맵에서 캐릭터의 성격과 형태가 될 키워드를 뽑아 스토리를 구상해 보세요.
>
> ♥ **TIP**
>
> 상상하는 이미지를 낙서처럼 그려 보는 것도 좋아요.

03-3
24개의 이모티콘 감정·표현 기획하기

우리가 제작할 이모티콘은 최소 16개에서 32개입니다. 즉, 지금까지 우리가 만든 캐릭터의 성격과 특성에 맞는 16~32개의 감정 표현이 필요하다는 뜻이죠. 이모티콘 감정을 기획하는 건 이모티콘 제작 과정 중 가장 중요한 단계이기도 합니다. 이모티콘에서는 그림 실력보다 아이디어와 콘셉트, 표현 방식이 더 중요하고 경쟁력 있기 때문이에요.

하지만 기쁨, 슬픔, 화남 같은 감정을 겹치지 않게 수십 개를 만든다는 건 생각보다 쉽지 않답니다. 그래서 저는 미리 수집해 둔 감정으로 '**감정 마인드맵**'을 만들어 사용하고 있어요. 앞서 마인드맵으로 캐릭터를 구상할 때처럼 캐릭터에 맞는 여러 개의 감정을 마인드맵에 키워드로 나열해 선택하는 거죠.

감정은 무척 다양하고 복잡해서 일일이 적으려면 시간이 필요해요. 그래서 여러분을 위해 직접 제작해 둔 마인드맵 이미지를 공유하려 해요. 이 이미지를 프로크리에이트로 불러와 24개의 이모티콘 감정을 기획해 볼게요!

먼저 다음 QR 코드를 통해 감정 마인드맵 이미지 파일을 아이패드에 다운로드해 주세요.

감정 마인드맵 파일 다운하기

감정 마인드맵 이미지 파일을 아이패드에 저장했다면 프로크리에이트를 열고 〈스크린 크기〉 캔버스를 만든 다음 〈동작 🔧 → 파일 삽입하기〉 또는 〈사진 삽입하기〉로 저장한 이미지를 불러 오세요.

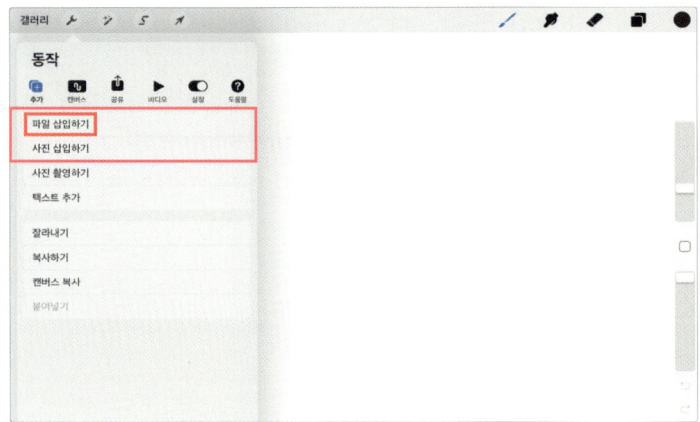

사진이 스크린에 꽉 차게 등장할 거예요. 굉장히 많은 단어가 나열된 게 보이죠? 감정을 세분화해서 정리한 감정 마인드맵이랍니다. 마인드맵을 활용하는 이유는 다양한 감정 표현을 중복되지 않게 담기 위해서예요. 여기 있는 감정으로도 16~32개의 이모티콘 감정을 표현하기엔 충분하겠지만, 더 표현하고 싶은 감정이 있다면 추가해서 나만의 마인드맵을 만들어 사용해 보세요.

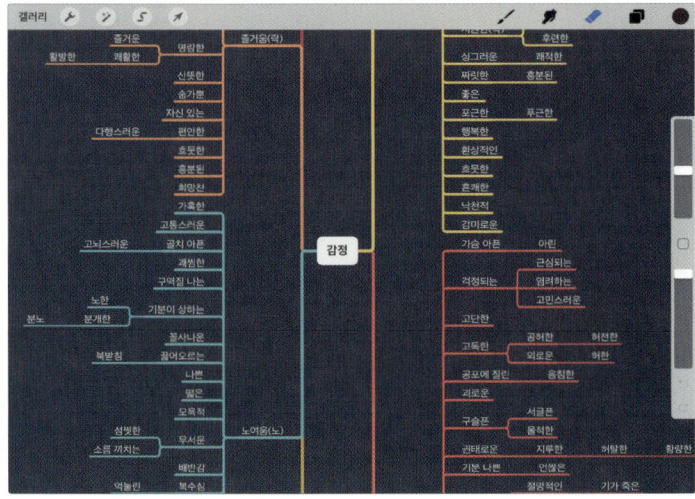

표현을 기획하기 전에 반드시 염두에 두어야 할 것이 바로 이모티콘을 제안할 **플랫폼의 성격**과 **사용자의 특성**입니다. 가령 카카오와 라인만 보더라도 사용처와 사용자의 특성이 무척 다르기 때문이에요. 플랫폼의 특성에 대한 자세한 내용은 **'01-1 이모티콘은 어디에서 사용하나요?'** 에서 참고하세요.

자, 이제 감정을 선택해 볼 거예요. 선택한 감정 위에 동그라미를 그리며 표시할 텐데, 불러온 이미지 위에 바로 동그라미를 그리는 것보단 언제든 수정할 수 있게 새 레이어를 만들고 그 위에 표시하는 게 좋아요. 새 레이어를 만들고 눈에 띄는 색을 선택한 다음 총 24개의 감정을 선택해 볼게요. 내 캐릭터가 표현할 만한 감정을 골라 보세요.

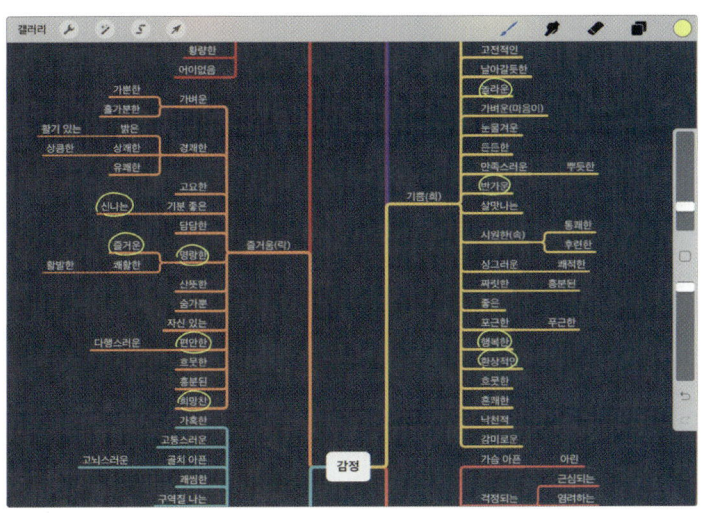

24개를 모두 선택했나요? 이제 우리가 만들 이모티콘의 큰 주제를 정한 거예요. 이번엔 '내 캐릭터가 어떤 표정이랑 몸짓으로 이 감정을 표현할까?'를 상상해 보고 한켠에 메모를 남겨 보세요. 글자를 넣고 싶다면 표현하고 싶은 메시지나 의성어, 의태어 등을 함께 적어도 좋아요. 떠오르는 표정이나 동작을 간단하게 그려도 좋겠죠? 언제든 지우고 수정할 수 있으니 부담 없이 편하게 메모해 보세요.

 **TIP**

> 대화나 표현을 주고받을 수 있도록 구성하거나 긍정과 부정을 반복하면서 구성하면 활용성이 높아져요.

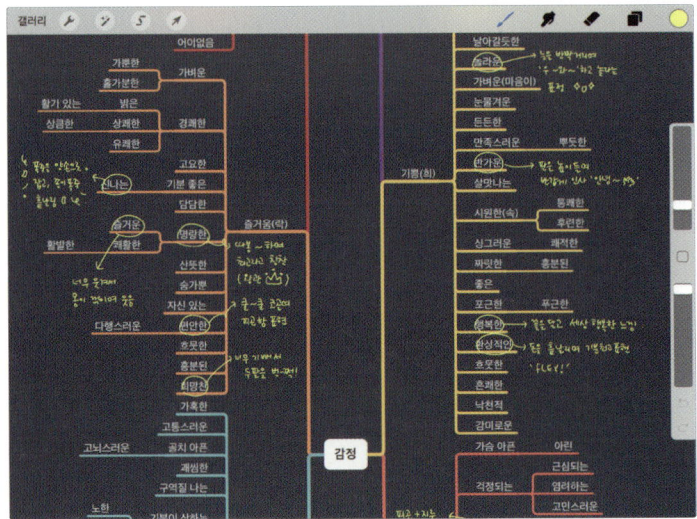

메모까지 모두 끝냈다면 이대로 캔버스를 저장해도 좋고 이미지 파일로 저장해 캐릭터를 만들거나 이모티콘을 제작할 때 참고해도 좋아요. 캔버스를 파일로 저장하려면 〈동작 🔧 → 공유 → PNG 또는 JPEG〉를 선택하세요.

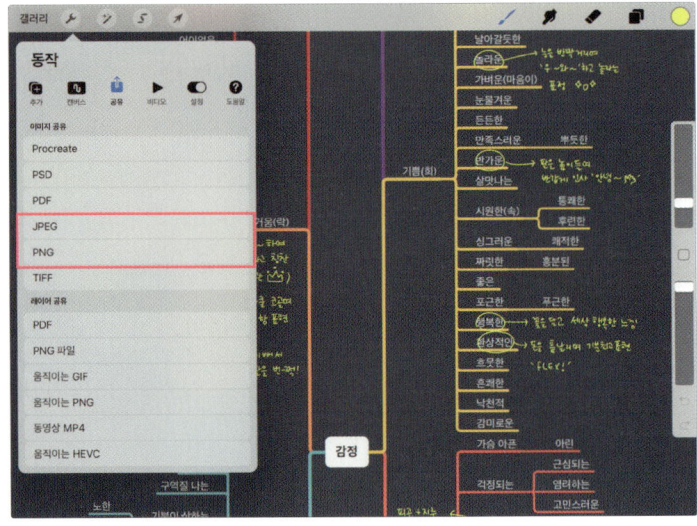

감정·표현 기획을 할 때 주의해야 할 점은 너무 격렬한 감정이나 폭력적이거나 윤리에 어긋나는 것은 지양하는 게 좋아요. 내가 만들고 싶은 이모티콘도 좋지만, 내가 만들 이모티콘을 사용할 사람들은 어떤 표현을 더 좋아할지 고민해 보세요.

한번에 완벽하게 해내려 하지 않아도 되고 빨리 하려고 하지 않아도 돼요. 몇 번이든 반복해서 더 좋은 결과가 나온다면 그게 더 많은 걸 얻은 거랍니다.

화유 쌤의 숏터뷰

Q. 감정 마인드맵은 어떻게 만드셨어요?

A. 감정 마인드맵은 'MindNode'라는 앱으로 만들었답니다. 'MindNode' 앱에 틈틈이 수집해 둔 감정들을 하나씩 넣으면서 정리해 보았죠. 이렇게 기록을 습관으로 만들고 정리해 두면 무척 유용한 하나의 데이터가 될 수 있어요. 이 책에선 제가 제작한 마인드맵을 이용했지만, 내 캐릭터와 내 이모티콘에 맞는 나만의 감정 마인드맵을 만들어 봐도 좋아요. 꼭 감정 마인드맵이 아니더라도 좋아요. 기록한 아이디어를 어떻게 효율적으로 정리하고 활용할 수 있을지 고민해 보세요.

과제 | 내 이모티콘의 감정·표현 기획하기

☑ 감정 마인드맵을 이용해 내가 만들 이모티콘의 개수만큼 감정과 표현을 선택하고 어떤 이모티콘을 만들지 기획해 보세요.

 TIP

이모티콘 개수는 제안하는 플랫폼과 형태에 따라 달라질 수 있어요. 자세한 내용은 '06-1 이모티콘 판매 플랫폼과 규격 살펴보기'를 참고하세요.
네이버 OGQ 마켓 제안 시 : 움직이는 이모티콘, 멈춰 있는 이모티콘 – 24종
카카오톡 제안 시 : 움직이는 이모티콘 – 24종, 멈춰 있는 이모티콘 – 32종

4장

나만의 캐릭터로 이모티콘 만들기

나만의 캐릭터로 이모티콘의 배경이 될 스토리와 형태를 구상했다면, 이번에는 캐릭터를 만들고, 스케치부터 채색까지 더해 생동감 있는 이모티콘을 완성할 거예요. 여기에 완성한 이모티콘을 효율적으로 저장하는 방법과 제안용 가이드에 맞춘 추가 이미지까지 만들어 볼게요!

- ☑ 04-1 캐릭터 만들기
- ☑ 04-2 생동감을 주는 텍스트&효과
- ☑ 04-3 스케치&라인 그리기
- ☑ 04-4 이모티콘 채색하기
- ☑ 04-5 완성 파일 내보내기
- ☑ 04-6 제안용 파일 제작하기

04-1
캐릭터 만들기

콘셉트와 캐릭터의 성격, 특성까지 모두 구상했다면 이제 캐릭터를 만들어 볼 차례예요. 그림을 잘 그리지 못해도, 캐릭터를 처음 그려도 괜찮아요. 어떤 캐릭터 그리기에도 통하는 기본기부터 스케치에서 채색까지 차근차근 쌓아가 봐요!

비율 이해하기

캐릭터를 그리는 데 가장 중요한 요소 중 하나가 바로 머리와 몸의 비율이에요. 비율은 얼굴 길이가 1일 때 몸의 비율이 7이면 '8등신'이라고 표현해요. 만약 얼굴 길이가 1일 때 몸의 비율이 3이라면 4등신이겠죠? 얼굴 크기만큼의 동그라미를 그리고 몸 부분에 동일한 크기의 동그라미를 수직으로 그렸을 때 총 4개의 동그라미가 나오면 4등신이 되는 거예요.

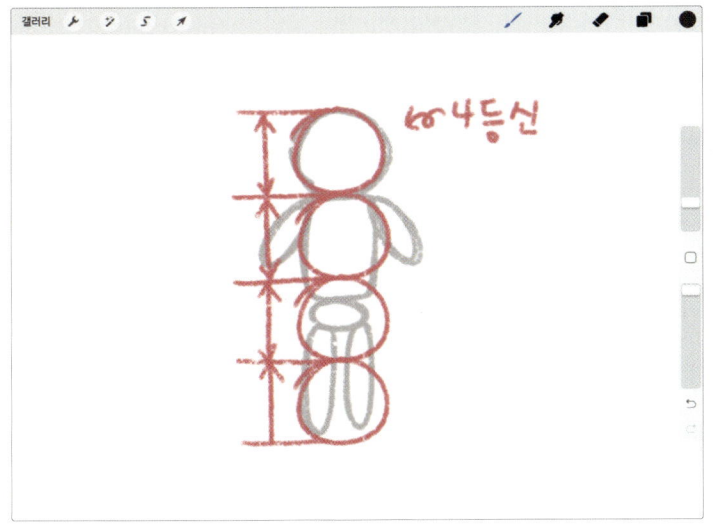

등신을 많이 나눌수록 성인의 모습과 가까워져요. 다양한 자세를 표현할 수 있다는 장점이 있는 대신 그만큼 현실적이고 디테일하게 표현해야 해 손이 많이 가는 그림체가 될 수 있어요. 반면 등신을 적게 나눌수록 아이의 모습과 가까워져요. 자세에 제약은 생기지만 단순하고 만화적 표현을 할 수 있다는 장점이 있어요.

앞으로 우리가 그릴 캐릭터는 성인과 같은 등신일 수도 있고 아이와 같은 등신일 수도 있어요. 내 캐릭터를 몇 등신으로 할지는 캐릭터의 특징과 표현하고자 하는 느낌을 먼저 생각한 후 결정해야 해요.

등신을 정해 놓고 캐릭터를 그리면 자세나 위치가 달라져도 캐릭터 형태를 일정하게 그릴 수 있어요. 우리는 정면을 보고 있는 캐릭터만 그릴 게 아니기 때문에 캐릭터가 앞을 보든 뒤를 보든, 또 팔을 들든 쪼그려 앉든 같은 캐릭터란 걸 누구나 알 수 있어야 해요. 캐릭터의 모습을 디테일하게 유지하기 위해선 **턴어라운드 기법**을 이용해 캐릭터를 그려보는 것도 좋은 방법이에요.

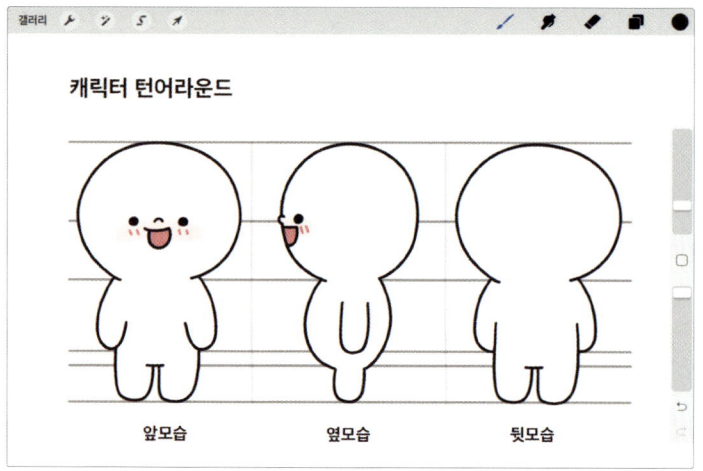

자, 그럼 간단한 그림을 그리면서 등신 나누기를 함께 해볼까요? 민두 캐릭터는 사람 형태지만, 여러분이 그리려는 캐릭터는 덩어리 형태일 수도 있고, 강아지나 고양이 같은 동물 형태일 수도 있어요. 따라서 형태를 크게 3가지로 나눠 덩어리, 강아지, 사람 이렇게 그려볼 거예요.

여러분도 함께 따라 그려보세요. 눈으로만 보는 것보다 이해도 훨씬 쉽고 또 내 캐릭터를 그릴 때 도움이 될 거예요. 처음부터 완벽한 그림을 그리겠다는 생각은 내려놓고, 최대한 천천히 따라 그려보세요.

덩어리 형태 그리기

덩어리는 1등신이라고 생각하고 그리면 돼요. 완성형 캐릭터를 그리기 전에 연한 색으로 스케치를 먼저 해보세요. 덩어리를 표현하기 위해 윗부분은 뾰족하고 아래가 볼록한 물방울 모양을 그린 다음 다양한 자세를 표현할 팔과 다리를 그려보세요. 물방울의 비율에 맞춰서 팔다리를 작게 그려볼게요. 선으로 표현해도 좋고 동그라미나 장갑, 양말로 표현해도 재미있을 거예요. 스케치 단계니 겹쳐 그려도 괜찮고 잘못 그리면 지우고 다시 그려도 좋아요.

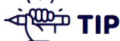 **TIP**

> 그림에 자신이 없거나 수정을 자주 할 것 같다면 전체 덩어리, 팔, 다리 등 모든 요소를 별개 레이어에 작업해도 좋아요.

그런 다음 눈, 코, 입을 그릴 곳에 십자선을 그어 주세요. 캐릭터가 어디를 보고 있는지에 따라 십자선의 위치도 달라질 거예요.

TIP
불투명도를 한번에 조절하려면 스케치한 레이어를 모두 병합하고 불투명도를 조절하세요.

이제 스케치한 그림 위에 라인을 그릴 거예요. 스케치한 색보다 진한 색으로 브러시 색을 바꾼 다음 스케치를 따라 천천히 그려 주세요. 그래야 안정적인 그림이 나올 수 있어요. 이때 한 번의 터치에 다 그리지 않고 끊어서 그려도 괜찮아요. 이것도 나만의 그림체가 되는 거예요.

십자선 위에 눈, 코, 입을 자유롭게 그려 주세요. 저는 세로로 긴 눈과 작은 입을 그렸어요. 이렇게 물방울 캐릭터가 완성됐어요. 간단하죠?

이대로 캐릭터를 완성해도 좋지만, 앞서 캐릭터를 기획하면서 만든 성격, 특성, 외형 등을 표현하려면 조금 더 꾸며도 좋아요. 예를 들어 성별을 드러내고 싶을 땐 색상을 달리하거나 액세서리를 얹는 방법을 가장 흔히 사용하는데요. 남성일 때는 두꺼운 눈썹이나 나비넥타이, 여성일 때는 머리핀이나 리본, 속눈썹, 볼 터치 등으로 표현해 주는 것도 괜찮아요.

물론 표현은 자유롭게 해도 좋지만, 나만 구분할 수 있게 그리기보다는 보는 사람들이 이 캐릭터를 어떻게 인지할지를 꼭 생각하면서 그려야 해요. 캐릭터는 설명 없이 보고 이해할 수 있어야 공감을 얻고, 더 많은 사람에게 사랑받을 수 있기 때문이에요.

동물 형태 그리기

이번에는 동물 형태, 그중에서도 강아지를 그려볼게요. 동물도 사람과 같은 척추동물이기 때문에 몸의 구조는 비슷해요. 하지만 사람과는 관절의 움직임이 다르기 때문에 표현도 달라진답니다. 또, 강아지의 품종에 따라, 의인화하느냐에 따라 등신이 달라질 수도 있으니 내가 그릴 캐릭터가 어떤 형태일 때 가장 잘 전달될 수 있는지 먼저 고민하고 결정하는 과정이 필요해요.

강아지가 정면을 보고 앉아 있는 자세를 그릴 거예요. 마찬가지로 연한 색으로 스케치를 먼저 할게요. 체구가 작고 어린 강아지를 표현하기 위해 얼굴을 몸보다 크게 그릴 거예요. 귀와 꼬리도 표현해 주세요. 또 강아지나 고양이는 사람과 다르게 앉았을 때 접힌 뒷다리가 몸의 양옆에 붙어 있는 것처럼 보여요. 이 부분을 살려서 그려볼게요. 스케치를 모두 완료했다면 마찬가지로 얼굴 가운데 십자선을 넣어 눈, 코, 입이 들어갈 구도를 잡아 주세요.

이제 스케치를 따라 좀 더 진한 색으로 라인을 그릴 거예요. 라인을 그리면서 더 디테일한 것들을 잡아나갈 텐데요. 복슬복슬한 털 느낌을 살려 동글동글하게 표현해 보았어요. 장모종이라면 털을 길게 그려도 좋아요. 그런 다음 십자선 위에 눈, 코, 입을 그려보세요.

원하는 강아지의 모습이 나왔나요? 귀를 좀 더 뾰족하게 그려도 좋고 꼬리가 더 길거나 흔들리는 모습이어도 좋아요. 여러분이 머릿속에 그리던 그 모습을 최대한 표현해 보세요.

사람 형태 그리기

이번에는 사람 형태를 그려볼 거예요. 사람은 등신을 정해 두고 그리는 게 좋아요. 그 예로 어린아이의 모습을 가진 2등신 캐릭터, 민두를 그려볼게요.

이번에도 연한색으로 스케치를 먼저 할게요. 동그란 머리를 그리고 그 아래 머리 크기 만큼 몸, 팔다리를 그려 보세요. 머리의 길이와 몸통 전체 길이가 같아야 해요. 눈, 코, 입의 위치는 정면을 기준으로 어느 높이에 얼마만큼의 비율로 떨어져 있는지 정해 두면 일관성 있는 캐릭터를 그릴 수 있어요. 민두는 코를 기준으로 이마가 더 넓은 어린아이의 특성을 살려서 중앙보다 살짝 아래에 십자선을 그려 줄게요.

이제 라인을 따라 그려보세요. 민두는 반죽이라는 특성상 손과 발은 둥근 모양, 각진 모양, 손가락과 발가락이 나온 모양 등 다양하게 표현할 수 있어요. 얼굴도 단순히 동그란 게 아니라 살짝 튀어나온 볼살을 표현했어요. 마지막으로 십자선 위에 눈코입을 그려 완성해 보세요.

 **TIP**

> 이목구비는 캐릭터의 정체성을 표현해요. 여기에 볼터치, 눈썹, 색상까지 정해 두면 캐릭터를 확실히 표현할 수 있답니다.

이렇게 나만의 캐릭터를 그려봤어요. 여러분도 나만의 캐릭터를 완성하셨나요? 한번에 완성되지 않을 수도 있어요. 충분한 시간을 가지며 애정을 듬뿍 담아 완성해 보세요!

과제	**내 캐릭터 형태 잡기**

☑ 덩어리, 동물, 사람 형태를 차례로 그려본 다음 내가 기획한 캐릭터의 특성이 드러나는 형태를 잡아 보세요. 형태를 잡은 다음 다양한 자세에서 일정하게 그리는 연습을 해보세요.

 TIP

등신을 다양하게 그리는 것도 좋은 연습이 돼요.

04-2 생동감을 주는 텍스트&효과

본격적으로 이모티콘을 그리기 전에 생동감을 주는 효과적인 2가지 방법을 알려드릴게요. 바로 **텍스트(멘트)**와 **효과(이펙트)**입니다. 이모티콘을 보면 빠짐 없이 등장하지만 유심히 보지 않으면 간과하기 쉬운 요소이기도 하죠. 그만큼 자연스럽게 이모티콘과 섞여 들지만 큰 역할을 한답니다. 텍스트와 효과를 잘 활용하면 캐릭터의 움직임을 더 생생하게 전달하는 것은 물론이고 재미도 더할 수 있어요. 텍스트와 효과가 이모티콘에 어떤 영향을 미치는지, 또 다른 이모티콘들은 텍스트와 효과를 어떻게 활용했는지 하나씩 살펴볼게요.

전달력을 높이는 텍스트

텍스트는 이모티콘의 전달력을 높이기도 하고 동작에 생동감을 주기도 해요. 하지만 이모티콘에 텍스트를 사용하려면 몇 가지 주의해야 할 점이 있어요. 먼저 **크기**예요. 이모티콘은 PC보다 모바일에서 보는 시간이 더 많기 때문에 작은 화면에서도 잘 읽힐 수 있도록 크기가 충분해야 해요.

두 번째는 **다른 요소와의 간격**입니다. 텍스트와 캐릭터 또는 효과가 겹치면 가독성이 떨어지고 제대로 전달되지 않을 수 있으니 요소 간 일정 간격을 띄우는 게 중요해요(저는 주로 텍스트를 함께 보여 주는 편이에요). 만약 다른 요소와 텍스트가 겹친다면 가독성을 높이기 위한 말풍선을 활용하는 것도 좋아요.

세 번째는 말투예요. 되도록 너무 딱딱하지 않게, 우리가 일상에서 사용하는 말투를 녹여 보세요. 말투에 따라 이모티콘이 전달하려는 느낌이 달라지기도 하고 또는 극대화되기도 한답니다.

마지막 네 번째는 길이예요. 우리 눈이 이모티콘에 머무르는 시간은 무척 짧기 때문에 한 눈에 담고 있는 내용을 전달할 수 있어야 해요. 간략하고 임팩트 있는 문구를 쓰는 게 좋답니다. 이 간단한 문구로 캐릭터의 매력이 완전히 달라질 수 있어요.

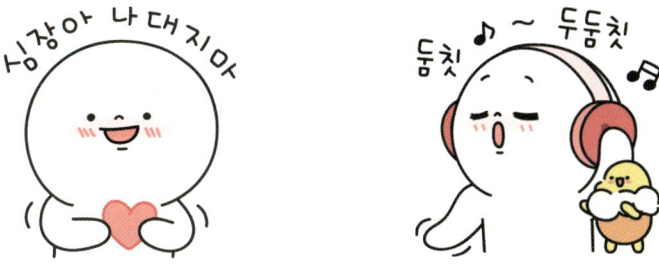

텍스트와 이모티콘을 함께 쓸 때(라뷰라뷰 민두, 꽁냥꽁냥 모찌모찌 민두 – 화유)

텍스트 가독성을 위해 말풍선을 사용할 때(말랑말랑 모찌모찌 민두 – 화유)

이모티콘에 텍스트를 넣는 방법은 2가지예요. 캐릭터를 그린 것처럼 손으로 텍스트를 쓰는 거예요. 캐릭터도 손그림이기에 전체적으로 손그림 느낌을 잘 살려주려면 텍스트를 손으로 쓰는 걸 추천해요.

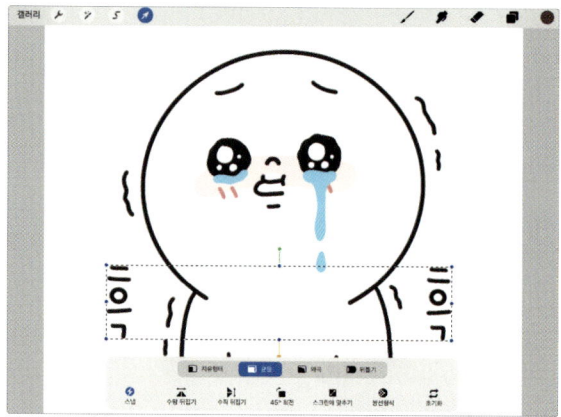

손글씨로 텍스트 쓰기

물론 손글씨에 자신이 없다면 예쁜 폰트를 이용하는 방법도 있어요. 캔버스에서 〈동작 🔧 → 추가 → 텍스트 추가〉를 터치하면 프로크리에이트에서 제공하는 서체로 텍스트를 입력할 수 있어요.

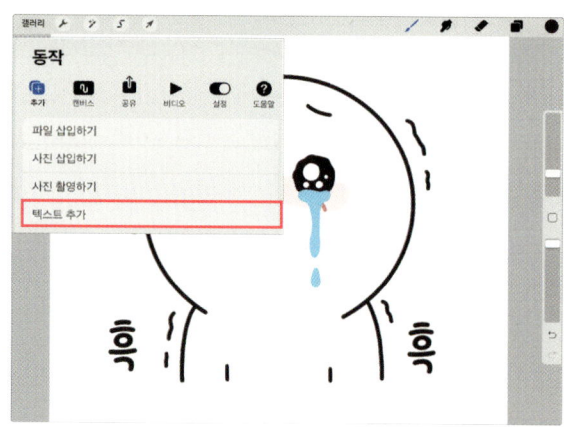

서체로 텍스트 쓰기

하지만 프로크리에이트에서 제공하는 서체는 제한적이에요. 원하는 서체가 없다면 외부에서 다운받은 폰트를 프로크리에이트로 불러올 수 있답니다. 원하는 폰트 파일을 아이패드에 저장한 다음 〈텍스트 추가〉 창 오른쪽 상단에서 〈서체 가져오기〉로 불러오면 간단하게 원하는 폰트를 이모티콘에 활용할 수 있어요.

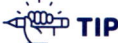 **TIP**

> 폰트는 무료 폰트와 유료 폰트가 있으니 다운로드하기 전 반드시 라이선스를 확인하세요.

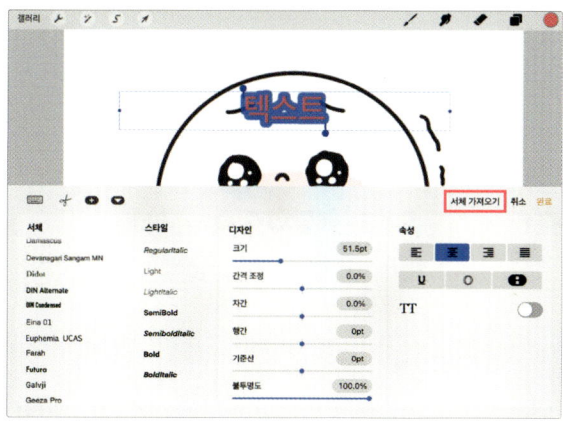

물론 텍스트 유무나 형태는 작가가 결정할 수 있어요. 텍스트 없이 이모티콘에 열린 의미를 부여할 수도 있고 반대로 캐릭터 없이 텍스트로만 이루어진 이모티콘도 만들 수 있답니다. 텍스트를 효과적으로 개성있게 전달할 수 있다면 캐릭터 없이도 다양한 방식으로 제작할 수 있어요.

[네이버OGQ] '글씨로 말해요', '고운 우리말'_화유
[네이버OGQ] 민두는 블로거6_화유
[네이버OGQ] 민두의 표정2_화유

화유 쌤의 숏티뷰

Q. 손글씨에 자신이 없어요! 디지털 드로잉으로 손글씨를 잘 쓰는 팁이 있을까요?

A. 손글씨를 잘 쓰려면 종이 위에 펜으로 글을 쓰는 것과는 다르게 모음과 자음을 마치 도형을 그리듯 천천히 써보세요. 그러면 더 단정하고 귀여운 글씨를 완성할 수 있어요.

Q. 폰트를 사용한다면 어떤 폰트를 추천하시나요?

A. 이모티콘에 사용하는 폰트는 가독성이 높은 게 중요해요. 그러면서 아기자기하면 더 좋겠죠? 물론 예쁜 유료 폰트를 구매해서 사용해도 되지만, 상업용으로 사용할 수 있는 무료 폰트도 무척 많답니다. 그중에서도 몇 가지 폰트를 알려드릴게요.

고양체

고도마음체

빙그레체

배달의 민족

어비 폰트

미생체

배스킨라빈스체

나눔바른펜

메이플스토리체

G마켓 산스체

티몬 몬소리체

생동감을 높이는 효과

웹툰이나 만화를 보면 단순히 캐릭터와 텍스트만 있는 게 아니라 생동감 있고 입체적인 표현을 위해 효과를 넣은 걸 볼 수 있어요. 이런 효과를 이모티콘에도 적용하면 좀 더 사실적이고, 생동감 있는 감정 표현을 할 수 있어요. 실제로 이모티콘 플랫폼에 판매 중인 이모티콘들을 살펴보면 대부분 이모티콘이 효과를 십분 활용하고 있는 것을 확인할 수 있답니다.

효과가 없을 때

효과가 있을 때

효과는 캐릭터의 움직임을 표현해 전달력을 높이는 역할도 하지만 캐릭터나 특정 영역에 집중시키는 역할도 한답니다. 가령 집중 방사선 효과는 다양하게 활용할 수 있는데요. 캐릭터의 감정을 표현할 수도 있고 캐릭터의 속마음을 표현하는 말풍선이 될 수도 있어요.

멍무이 멍멍멍! - 박짓장

말랑말랑! 리액션대장 마시멜로냥 - 멜로

단톡방에 놀러온 모두의 귀요미 - 모두의 귀요미

쭈굴곰의 오늘도 쭈굴쭈굴 - 쭈굴곰

별, 반짝이, 섬광, 빛무리, 스포트라이트 등 반짝이는 효과를 사용하면 기대감, 화려함, 집중을 표현할 수 있어요.

오늘도 귀욤뽀짝 뽀짝이!   예스, 유어 하이니스. 집사콘 -   사랑이 하고픈 얄라리   엄마랑 딸이랑 (엄마ver.)
- 뽀짝이   집사   - 에렘   - 이거면 다 되지

캐릭터가 움직이거나 이동할 때 잔상을 표현하면 시선의 흐름을 작가의 의도대로 유도할 수 있어요. 이외에도 다른 이모티콘이나 만화, 애니메이션을 유심히 관찰하면 개성 넘치는 표현법을 발견할 수 있답니다.

   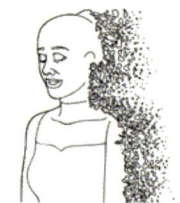

봄이는 귀욤통통   사랑하자!하자토끼!   팡냥이는 뀨욤팡팡   당신은 감정표출매니아~
- 봄이   - 써노   고양이다냥 - 어냐   - 감정표출맨/재미제이

> **과제**   **텍스트&효과 넣어 보기**
>
> ☑ '03-3 24개의 이모티콘 감정·표현 기획하기'에서 기획해 둔 24개의 이모티콘 중 텍스트와 효과를 넣으면 좋을 이모티콘을 꼽아 보세요. 그런 다음 어떤 텍스트와 효과를 넣으면 전달력이 더 풍부해질지 고민해 보세요.

❤️ **TIP**

24개의 이모티콘에 모두 텍스트와 효과를 넣어도 좋고 모두 넣지 않아도 좋아요. 텍스트와 효과는 어디까지나 더 효과적으로 의도를 전달하기 위한 도구랍니다.

04-3
스케치&라인 그리기

캐릭터 형태를 정하고 텍스트와 효과까지 살펴봤으니 이제 본격적으로 살아 움직이는 듯 역동적인 캐릭터를 그려볼 거예요. 앞서 캐릭터 형태를 정할 때 스케치를 그리고 라인을 그린 과정을 또 한번 거치게 될 텐데요. 물론 한번에 깔끔하게 잘 그리면 좋겠지만, 그림을 전공한 전문가라도 완성도를 높이려면 스케치 과정이 반드시 필요해요.

스케치는 말 그대로 완성된 그림을 만들기 위한 밑그림에 불과하기 때문에 부담 없이 마음껏 그리고 충분히 시간을 들이는 게 좋아요. 스케치하는 방법에 정답은 없으니 더 좋은 완성작을 위해 다듬는 시간이라고 생각해 주세요.

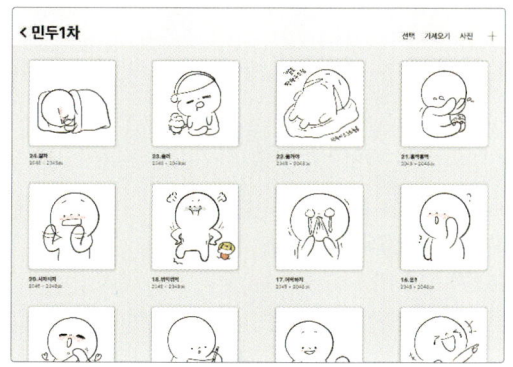 

완성도를 높이기 위한 스케치 과정

스케치를 하는 방법은 크게 2가지로 나뉜답니다. 하나는 종이 위에 펜으로 핸드 드로잉을 한 다음 스캔 또는 촬영해 디지털 드로잉으로 옮기는 방법이에요. 핸드 드로잉에 익숙하다면 이 방법을 선호하기도 하죠. 다른 방법은 처음부터 디지털 드로잉으로 스케치까지 하는 것입니다. 핸드 드로잉을 거치는 것보다 간편하고 빠르다는 장점이 있어요.

우리는 이 두 번째 방법, 처음부터 디지털 드로잉으로 스케치하고 라인 그리는 것까지 해 볼게요. 물론 아이패드와 프로크리에이트에서요!

 **TIP**

> 책에서 그리는 그림을 그대로 따라 그리며 익혀도 좋지만 기획 단계부터 주어진 '과제'를 차근차근 완성하며 직접 구상한 이모티콘을 그려 보면 더 유용할 거예요.

아이디어를 바탕으로 스케치하기

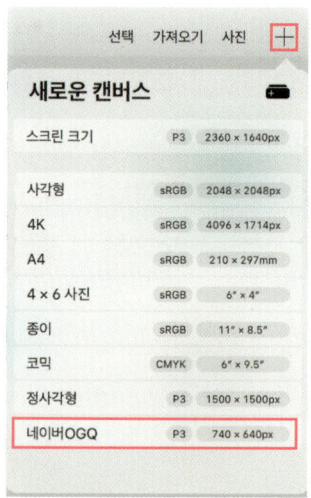

'03-2 나만의 캐릭터 구상하기'에서 키워드를 나열하며 구체화한 아이디어들을 다시 꺼낼 차례예요. 이제 이 아이디어들을 바탕으로 어떤 이모티콘을 그릴 건지 스케치를 해 볼 거예요.

프로크리에이트 앱을 열고 새 캔버스를 만들게요. 갤러리 오른쪽 상단에서 ✚를 터치해 미리 만들어 두었던 〈네이버 OGQ〉를 선택해서 새 캔버스를 열어 주세요.

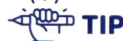 **TIP**

> · 사용자 지정 캔버스를 만드는 방법은 '02-2 갤러리 둘러보기'를 참고하세요.
> · 〈네이버OGQ〉의 캔버스 사이즈는 760px×640px 입니다.

캔버스를 크게 만들어 한 캔버스 안에 모든 스케치를 해도 좋지만 한 캔버스에 한 스케치씩 관리하는 게 스케치를 구분하기에도 좋답니다. 이모티콘 완성까지 이런저런 방법을 직접 해보면서 자신에게 가장 잘 맞는 방법을 찾아 보세요.

이제 3개의 이모티콘을 스케치해 볼 거예요. 브러시는 원하는 대로 선택하고, 색상도 마음껏 선택하세요. 제일 먼저 '인사하는 민두'를 그릴 거예요. 인사를 하는 방법도 무척 다양하게 표현할 수 있어요. 어딘가 숨어 있다가 빼꼼 나올 수도 있고, 까꿍~ 하며 활달하게 나타날 수도 있고, 손을 빠르게 흔들 수도 있어요. 내 캐릭터에 어떤 표현이 잘 어울릴지, 내가 캐릭터라면 어떻게 표현하고 싶은지 조금 과장돼도 좋으니까 다양한 방법으로 표현해 보세요. 민두는 손을 흔들면서 인사할 거예요.

'04-1 캐릭터 만들기'에서 형태를 잡았을 때처럼 얼굴과 몸을 그린 다음 십자선 위에 눈코입을 그려 표정을 만들어 주세요. 팔에는 움직임을 표현하는 효과를 넣었어요. 여기에 인사한다는 게 좀 더 직접적으로 드러나도록 왼쪽에 "안녕~"이라는 손글씨도 넣었어요.

> **TIP**
> 스케치는 밑그림일 뿐이니 레이어를 세분화해 그릴 필요는 없어요. 한 레이어에 모두 그려도 좋고 레이어를 모두 나누어 그린 후 병합해도 됩니다.

캔버스 상하좌우 여백은 조금씩 남기고 그리는 게 좋아요. 만약 여백이 많을 것 같다면 〈선택 〉 → 변형〉으로 전체 그림 크기를 키워 주세요. 라인 작업 후에는 이렇게 임의로 그림 크기를 키웠다 줄였다 하면 선이 다 깨지지만, 라인을 그리면서 최대한 수정을 하지 않기 위해 스케치 단계에서 변형하는 거니 마음껏 수정해도 괜찮아요.

> **TIP**
> 〈선택 〉과 〈변형 〉에 대한 자세한 내용은 '02-3 캔버스 살펴보기'를 참고해 주세요.

민두의 사랑스러움을 표현하기 위해 아기자기한 하트 효과를 넣어 보았어요. 이런 꾸밈 효과 외에도 움직임을 나타낼 수 있는 효과가 무엇이 있을지, 텍스트는 어디에 배치하는 게 좋을지 고민해 보세요. 되도록 스케치 과정에서 구성이나 배치를 완성하는 게 좋아요.

이렇게 스케치 하나를 완성했어요. 만약 스케치를 하면서 레이어를 여러 개 만들었다면 스케치 최종 단계에서는 모두 병합해 하나의 레이어로 정리해 주세요.

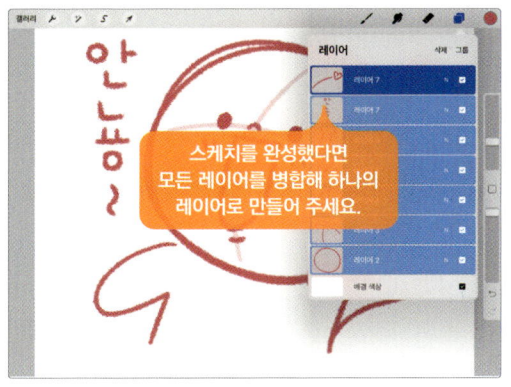 

이어서 두 번째 이모티콘도 스케치해 볼게요. 완성한 첫 번째 스케치 캔버스는 그대로 두고 갤러리로 돌아간 다음 오른쪽 상단에서 ➕를 터치해 미리 만들어 두었던 〈네이버 OGQ〉 캔버스를 열어 주세요. 새 캔버스에서 그릴 두 번째 이모티콘은 '축하하는 민두'예요. 요란하고 화려한 효과가 많아야 전달력이 높아지는 감정이기 때문에 폭죽을 터뜨리는 모습을 표현했어요.

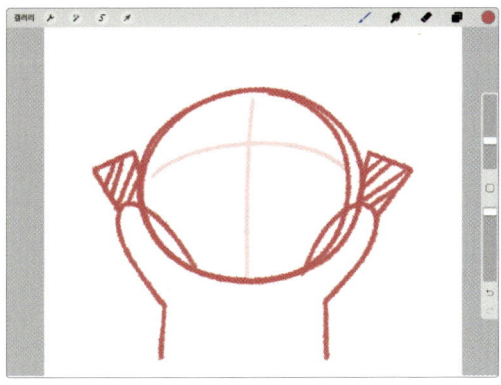 

이외에도 축하를 표현할 수 있는 방법은 다양해요. 케이크, 꽃가루, 플래카드 등 도구를 이용할 수도 있고 캐릭터의 표정이나 텍스트로 표현할 수도 있어요. 표현법은 무궁무진하니 내 캐릭터의 성격에 어울리도록 특색을 살려 보세요. 이렇게 스케치 단계에서 이모티콘을 어떻게 표현할지 고민하는 것도 캐릭터의 정체성을 확고히 하는 과정이랍니다.

마지막으로 세 번째 이모티콘은 '엄지 척 민두'예요. 마찬가지로 새 캔버스에서 그려볼게요. 양볼에 엄지를 붙인 민두 얼굴을 강조하기 위해 얼굴을 몸보다 크게 그렸어요. 주목도를 더 높이기 위해 주변에 집중 효과도 넣어 볼게요.

이렇게 어떤 포즈나 액션이 내 캐릭터에 가장 잘 어울릴지 그리고 어떻게 하면 좀 더 새롭고 참신한 표현을 할 수 있을지 고민하는 시간을 꼭 가져보세요.

과제	이모티콘 24종 스케치하기

☑ 앞서 여러분이 기획해 둔 24개의 이모티콘을 스케치해 보세요. 스케치는 완성이 아닌 완성을 위한 기초 과정이니 부담 없이 즐겁게 그리는 것도 중요해요. 편한 마음으로 원하는 만큼 그려보세요!

♥ TIP

이모티콘 하나를 스케치할 때마다 새 캔버스에서 시작하세요. 스케치를 완성했다면 레이어를 병합해 하나의 레이어로 정리해 주세요.

라인 그리기 ① - 브러시와 색상 선택

스케치를 모두 완료했다면 이제 스케치 위에 라인을 그릴 거예요. 첫 번째로 '인사하는 민두' 스케치 캔버스를 열게요. 스케치 위에 라인을 그려야 하니 스케치 레이어를 좀 더 불투명하게 만드는 게 좋아요. 〈레이어〉에서 스케치 레이어 오른쪽의 을 터치하고 불투명도는 20~30% 정도로 낮춰 주세요.

> **TIP**
> 제스처로 불투명도를 조절하는 방법은 '02-7 제스처 익히기'를 참고하세요.

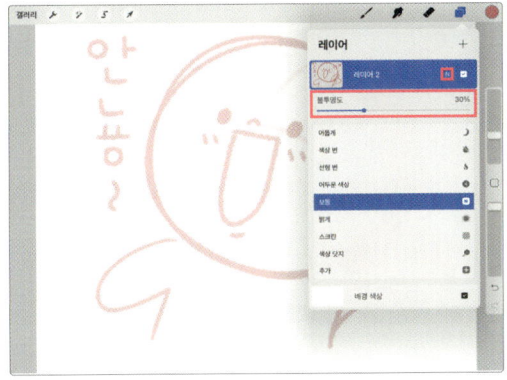

이제 라인을 그릴 새 레이어를 만들 거예요. 〈레이어〉 창 오른쪽 상단에서 +를 눌러 새 레이어를 만들어 주세요. 이때 레이어의 위치가 중요해요. 종이에 그림을 그릴 때도 스케치가 아래에 있고 그 위에 라인이나 채색을 하듯이 레이어도 순서대로 쌓아 주어야 해요. 새 레이어가 스케치 레이어보다 위에 오도록 순서에 주의하세요!

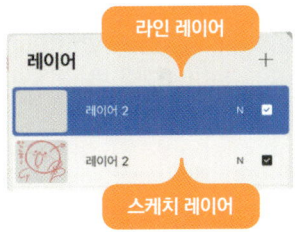

이번엔 라인을 그릴 브러시와 색상을 선택할게요. 먼저 <브러시 라이브러리>를 열어 주세요. 저는 깔끔한 라인을 그리기 위해 <서예 → 모노라인>을 선택했어요.

TIP

- 손그림 느낌을 내고 싶다면 <잉크 → 잉크 번짐, 드라이 잉크>를 추천해요.
- 매끄러운 선을 그리려면 '02-4 브러시&브러시 라이브러리 이해하기'를 참고하세요.

저는 주로 또렷한 표현을 좋아해서 캐릭터의 라인 색상은 검은색이나 갈색 계열을 쓰고 있어요. 라인 색상은 캐릭터의 특징에 따라 다양한 색상으로 그려보고 제일 잘 어울리는 색으로 선택하면 돼요. 아무래도 어두운 색상을 사용하는 게 캐릭터가 정돈돼 보여서 실패할 확률도 줄어들어요.

그리고 이모티콘을 만들 때 캐릭터를 일관되게 표현하는 게 중요하기 때문에 라인 색상은 하나를 정해 두고, 그 색상으로만 그려야 해요.

꾸밈 요소들은 라인 색상이 달라져도 되지만, 캐릭터 자체의 외곽이나 이목구비는 하나의 색상으로 그려야 한다는 거 기억하세요!

브러시와 색까지 선택했으니 라인을 그려볼게요. 새로 추가한 레이어에 캐릭터의 중심인 얼굴부터 그릴 거예요. 둥근 선을 그을 때는 빠르게 한번에 긋지 말고 천천히 스케치 선을 따라 그어 보세요. 선을 그으면서 어느 정도의 곡률(곡선의 구부러진 정도)과 크기로 그려야 원하는 둥근 선이 나오는지 여러 번 그렸다 지우는 걸 반복하면서 감을 잡아 보세요.

이어서 이목구비와 팔, 효과까지 모든 라인을 천천히 그려서 완성해 보세요. 볼터치는 발그레한 느낌을 주도록 라인과 다른 색으로 표현했어요.

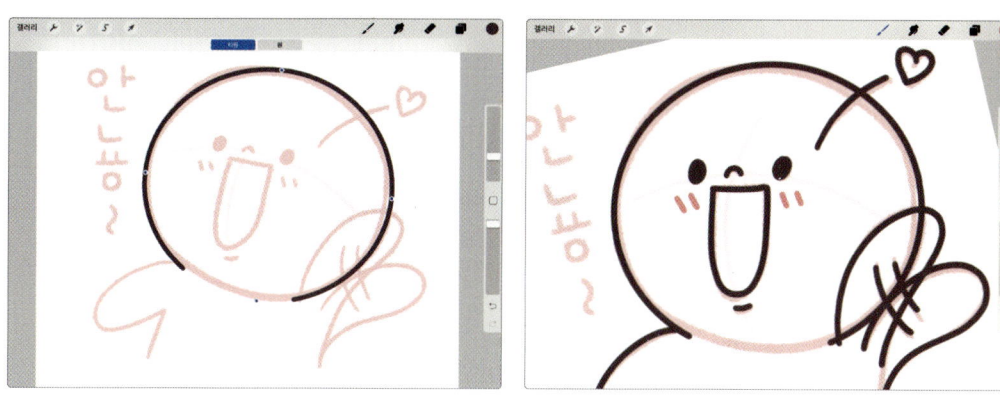

스케치를 하든, 라인을 그리든 디지털 드로잉에서는 요소마다 새 레이어를 만들어서 나누어 두면 실수로 잘못 그렸을 때나 마음에 들지 않을 때 언제든지 지우고 다시 그리기가 무척 편리합니다.

Q. 레이어가 익숙하지 않아서 순서를 어떻게 두어야 할지 잘 모르겠어요!

A. 레이어는 얇고 투명한 종이라고 생각하면 돼요. <레이어> 창에 레이어를 추가하고 쌓을 때마다 그 위에 얇은 종이가 덧대지고 아래 종이가 비쳐 보이는 거죠. 만약 얼굴 라인 위에 눈코입을 그린다면 얼굴 레이어 위에 눈코입 레이어가 있어야 해요.

하지만 아직 레이어에 익숙하지 않아 순서를 어떻게 해야 할지 모르겠다면 채색 단계에서 정리해도 되니 우선은 라인을 그리는 데 집중하세요!

또, 마음에 드는 라인이 그려졌는데 부분적으로 끊어져 버렸다면 수정을 해도 되지만 굳이 다 채우지 않고 그대로 놔둬도 괜찮아요. 그 느낌이 더 자연스럽고 좋을 때도 있답니다.

캐릭터 라인을 다 그렸다면, 텍스트도 스케치를 따라 그려보세요 라인 작업을 완료했다면 스케치 레이어 오른쪽의 체크 박스를 터치해 비활성화해 보면서 원하는 느낌으로 잘 그려졌는지 확인해 보세요!

라인 그리기 ② - 〈변형 ↗〉, 〈그리기 가이드〉

이번에는 '축하하는 민두' 스케치 캔버스를 열고 새 레이어에서 라인을 그려볼게요. 마찬가지로 동그란 얼굴과 이목구비를 먼저 그린 다음 위로 뻗은 양팔을 그릴 텐데요. 양팔의 크기와 두께가 같은 게 완성도 높아 보이겠죠? 이럴 때 프로크리에이트의 유용한 기능으로 쉽게 그리는 2가지 방법이 있어요. 하나는 〈변형 ↗〉으로 팔 레이어를 복제하는 거예요.

먼저 팔 한 쪽을 그린 레이어를 복제하고 복제한 레이어를 선택한 상태에서 캔버스 왼쪽 상단의 〈변형 ↗〉을 터치하세요. 캔버스 아래 옵션 창이 열리면 〈수평 뒤집기〉를 선택하세요. 팔 레이어가 수평으로 뒤집히는 걸 볼 수 있어요. 그리고 〈선택 S〉으로 레이어 위치를 옮기면 똑같은 크기, 두께의 양팔을 쉽게 완성할 수 있답니다.

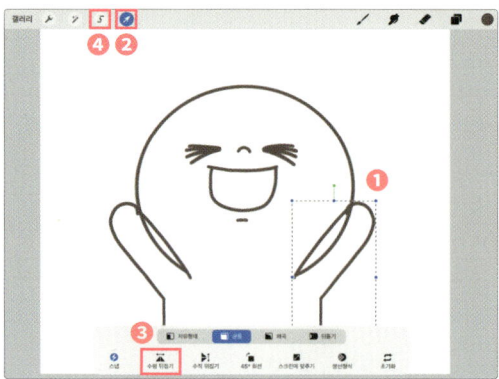

이번엔 양손에 들고 있는 폭죽을 그려 볼 거예요. 마찬가지로 〈변형 ↗〉을 이용해 복제해도 되지만 또 다른 방법이 있어요. 바로 〈그리기 가이드〉입니다.

〈동작 🔧 → 캔버스 → 그리기 가이드〉를 선택하고 아래 〈그리기 가이드 편집〉을 선택하세요. 〈그리기 가이드〉 창이 열리면 캔버스 아래 4개의 옵션을 볼 수 있어요. 그중 〈대칭〉을 선택하면 캔버스 가운데 수직선이 생깁니다. 이 수직선을 중심으로 어느 한쪽에만 그려도 양쪽에 똑같은 그림이 그려진답니다.

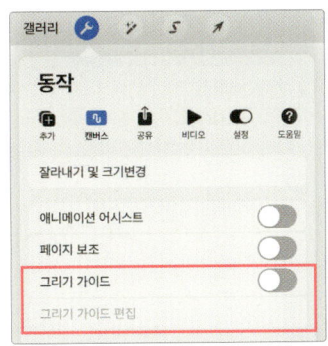

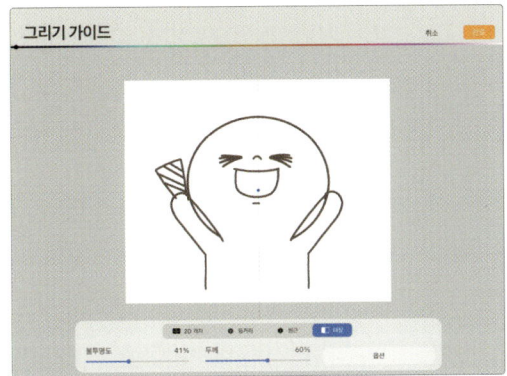

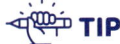 **TIP**

〈대칭〉에서 〈옵션〉을 누르면 수직 외에도 수평, 사분면, 방사상 등 반복되는 그림을 쉽게 그릴 수 있는 여러 가이드 옵션이 있어요. 하나씩 선택하고 직접 그려 보면서 기능을 익혀 보세요.

폭죽이 흩날리는 모습까지 스케치를 따라 라인을 그려서 두 번째 이모티콘도 완성할게요.

마지막으로 세 번째 이모티콘 '엄지 척 민두' 캔버스를 열고 새 레이어에서 라인을 그려 볼게요. 이 이모티콘도 양쪽 손과 효과를 대칭하게 그릴 수 있겠죠? 레이어를 복제하고 〈동작 🔧 → 수평 뒤집기〉를 하거나 〈그리기 가이드 → 대칭〉을 활용해 좀 더 쉽게 그림을 완성해 보세요.

과제　라인 그리기

- ☑ 24개의 스케치 캔버스를 하나씩 열어서 라인을 완성해 보세요. 천천히 스케치를 따라 그리면서 선을 매끄럽게도 그려보고 과감하게 한번에 그리기도 하면서 애플 펜슬과 디지털 드로잉에 익숙해져 보세요!

 TIP

스케치 레이어에서 라인을 그리지 않도록 주의하세요!
대칭되는 부분은 〈수평 뒤집기〉나 〈그리기 가이드〉의 대칭 기능을 이용해 보세요.

04-4
이모티콘 채색하기

스케치에 이어 라인 작업까지 끝마쳤다면 이제 마무리로 채색 작업을 해볼 거예요. 채색에서 가장 중요한 것은 당연히 색상 선택이랍니다. 단순히 예쁜 색을 선택하면 될 것 같지만, 의외로 어려운 부분이 어울리는 색을 조합하는 거예요. 또 내 캐릭터의 특성에 맞는 색을 선택하는 것도 쉽지 않죠.

특히 색상이란 감각의 분야이기도 해서 정해진 답이 없어요. 하지만 색의 성격이나 쓰임 등을 이해하고 다가간다면 조금 더 원하는 느낌을 잘 선택할 수 있어요. 그래서 색상에 대한 간단한 팁을 준비했답니다. 채색하기 전 간단하게 색에 대한 이론과 어울리는 색 조합을 쉽게 발견하는 방법을 알려드릴게요!

색의 온도

색상에도 온도가 있어요. 물론 실제로 색에서 온도가 느껴지는 건 아니지만, 우리가 흔히 일상에서 보는, 특히 자연에서 느끼는 온도감을 비슷한 색상만 봐도 느낀답니다. 도감을 크게 난색, 한색, 중성색으로 나눌 수 있어요.

붉은색 계열의 빨강, 주황, 노랑, 분홍 등을 난색이라고 하는데 이 색상들은 따뜻함과 달콤함 그리고 활동적인 느낌을 줘요. 파란 계열인 하늘, 파랑, 남색 등은 한색이라 하고, 차가움과 침착함, 안정감 등의 느낌을 줘요. 그 외에 초록, 보라, 갈색 등은 따뜻함과 차가움의 중간인 중성색이어서 난색과 있을 때는 난색의 성격, 한색과 있을 때는 한색의 성격을 띄는 특징이 있어요.

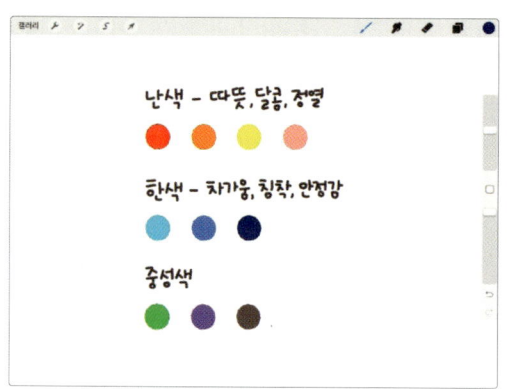 

이런 색의 온도를 캐릭터의 이미지나 콘셉트를 다지는 데 활용할 수 있어요. 가령 활발하고 따뜻한 이미지라면 노란색이나 분홍색을 사용하고, 차분하고 신뢰를 주는 이미지라면 파란색을 사용해도 좋겠죠. 통통 튀는 느낌을 내려면 보라색도 좋아요.

내 캐릭터의 성격엔 어떤 색이 어울리는지, 또 어떤 색을 사용해야 전달하고 싶은 이미지가 또렷해질지 고민해 보세요.

색의 무게감

색에 온도가 있듯이 무게감도 있답니다. 즉, 같은 형태여도 색에 따라 무거운 느낌, 가벼운 느낌을 줄 수 있다는 거죠. 색의 무게감은 주로 **명도의 차이**로 구분돼요. 명도가 낮은 색은(검은색에 가까운) 무거운 느낌을 주고, 명도가 높은 색은(흰색에 가까운) 가벼운 느낌을 준답니다. 색상만으로도 물체의 무게를 다르게 표현할 수 있어요.

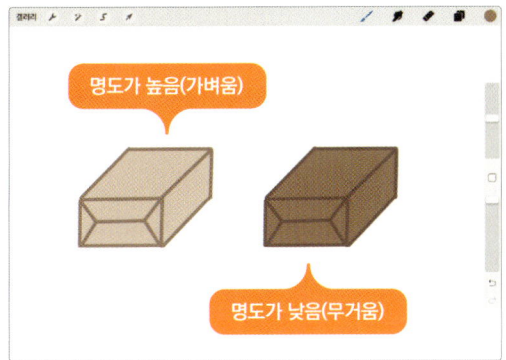

이모티콘을 표현할 때 색의 온도도 중요하지만, 같은 색이어도 명도에 따라 캐릭터의 이미지나 전달하려는 메시지의 느낌이 달라질 수 있답니다. 긍정적이고 밝은 메시지를 전달할 땐 명도가 높은 색을, 어둡고 부정적인 메시지를 전달할 땐 명도가 낮은 색을 사용하는 것도 효과적이겠죠?

이모티콘을 제작할 때는 색상 제약이 없고 굉장히 다양하게 표현할 수 있으니 여러 가지 색을 사용해 보고 내 캐릭터를 가장 잘 표현하는 색과 명도를 찾아 보세요.

어울리는 색 조합 쉽게 발견하기

내 이모티콘에 어울리는 색을 발견했다고 하더라도 다른 요소에 사용한 색과 어울리지 않을 때가 있어요. 또 캐릭터에 사용하는 색이 2가지 이상이라면 어떤 색을 조합해야 할지 막막할 수 있죠. 이럴 땐 색 조합이 잘된 이미지가 가득한 사이트나 색 조합을 추천해 주는 다양한 사이트를 활용해 보세요. 여러 무료 사이트가 있지만, 그중 몇 가지를 추천 드릴게요.

먼저 다양한 분야의 아트워크를 만날 수 있는, **핀터레스트(pinterest.co.kr)**. 인테리어, 웹, 모바일, 드로잉 등 무척 다양한 분야에서 많은 사랑을 받는 사이트랍니다. 핀터레스트에서 원하는 색만 검색해도 연관된 컬러 팔레트를 쉽게 찾을 수 있어요. 또는 키워드를 입력해 제품이나 그림, 디자인에 사용한 색을 참고해도 좋아요.

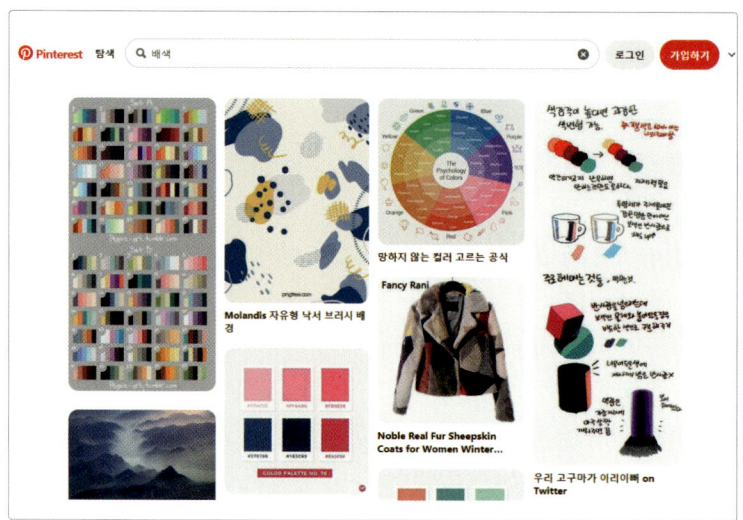

두 번째로 소개할 사이트는 picular(picular.co)입니다. 검색창에 색상명이나 키워드를 입력하고 검색하면 다양한 색을 추천해 준답니다. 여기에서 마음에 드는 색을 핀으로 모아 나만의 색상 팔레트를 만들 수 있어요. 또 색상 아래 있는 색상 코드를 복사해 곧장 내 그림에 사용할 수도 있어요.

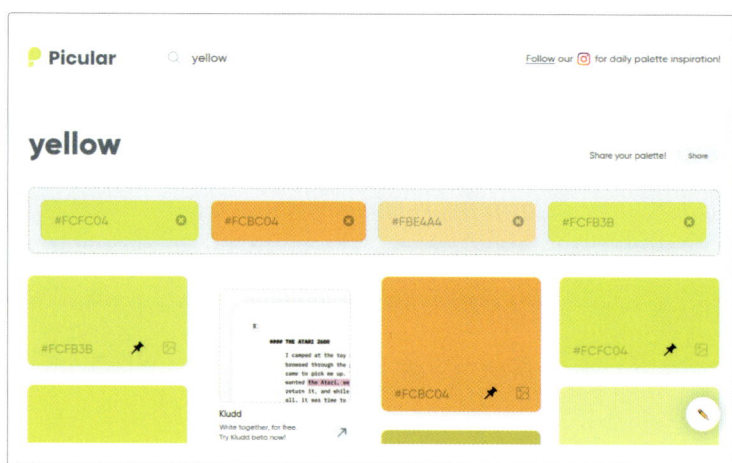

마지막으로 소개할 추천 사이트는 coolors(coolors.co)예요. coolors는 함께 쓰면 어울리는 색 조합을 추천해 줘요. 〈Generate〉 버튼을 누르면 랜덤하게 팔레트가 바뀌는데요. 마음에 드는 색 조합을 찾으면 아래 색상 코드를 복사하거나, 팔레트를 이미지로 다운로드할 수 있어요.

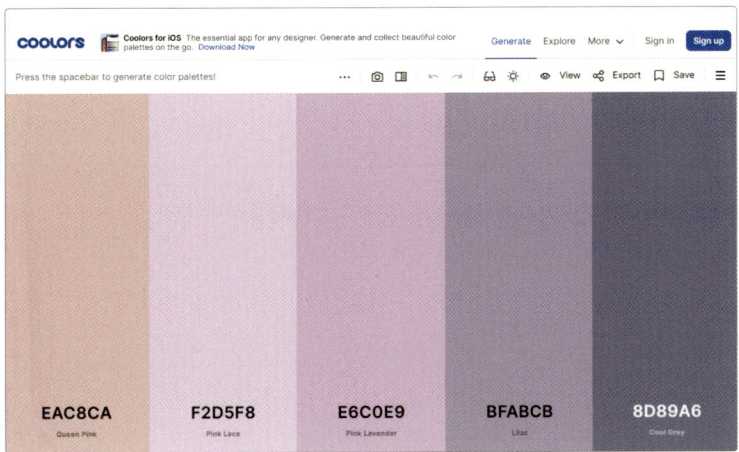

이렇게 원하는 색 또는 원하는 색 조합이 있는 이미지를 아이패드에 저장해 두고 프로크리에이트에서 〈동작 🔧 → 추가 → 파일 삽입하기〉로 불러온 다음 〈스포이드툴〉로 색을 추출할 수 있어요.

> 💡 **TIP**
>
> 아이패드에 저장된 이미지를 색상 팔레트로 만드는 방법은 '02-6 색상의 5가지 팔레트 알아보기 - 팔레트'를, 〈스포이드툴〉 제스처는 '02-7 제스처 익히기 - 스포이드툴'을 확인하세요.

일상에서도 예쁜 색 또는 색이 잘 어우러진 사물이나 풍경을 본다면 카메라로 촬영해 색상 팔레트로 추출할 수 있으니 주변을 유심히 관찰해 보세요.

> **과제** **내 캐릭터에 어울리는 팔레트 만들기**
>
> ☑ 내 캐릭터의 성격, 특성에 어울리는 색을 찾고 프로크리에이트에서 〈새로운 팔레트〉로 나만의 팔레트를 만들어 보세요. 이렇게 팔레트를 만들어 두면 이모티콘을 채색할 때 무척 유용할 거예요.
>
> **TIP**
>
> 새 팔레트를 만들고 채우는 방법은 '02-6 색상의 5가지 팔레트 알아보기'를 참고하세요.
> 너무 많은 색을 사용하지 않도록 주의하세요!

기본 채색하기

이제 이모티콘 제작의 마지막 단계인 채색 작업을 시작할게요. 먼저 라인 작업을 완료한 '인사하는 민두' 캔버스를 열고 새 레이어를 만들어 채색해 볼게요. 스케치 레이어보다 위에 있어야 했던 라인 레이어와 달리 채색 레이어는 라인 레이어보다 아래에 있어야 깔끔하게 채색할 수 있어요. 새 레이어를 라인 레이어 아래로 옮긴 다음 시작해 주세요.

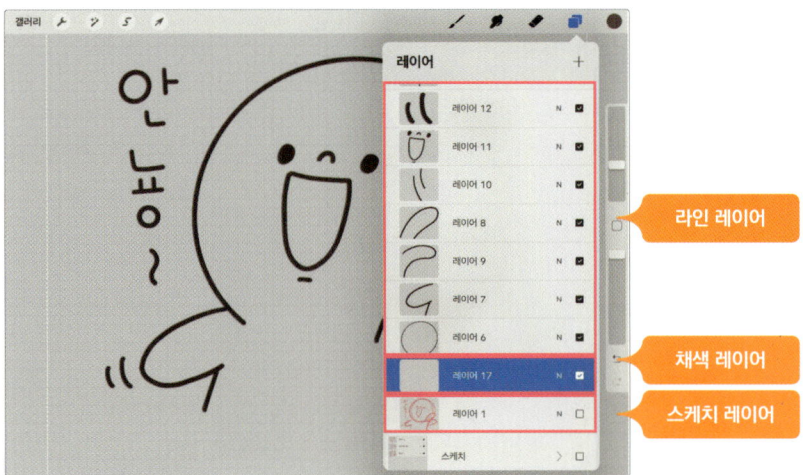

이제 채색을 시작할 텐데요. 주의해야 할 게 있어요. 민두는 하얀 반죽이라서 기본 색상이 흰색이에요. 그래서 캔버스 배경 색상이 흰색인 상태라면 채색이 꼼꼼하게 되었는지 확인하기도 어렵고 자칫하면 채색하는 걸 깜빡할 수 있어요.

제안용 이미지 파일은 배경이 투명하기 때문에 채색을 하지 않으면 캐릭터도 투명하게 보이겠죠? 이럴 땐 〈레이어〉 창에서 배경 색상 레이어 오른쪽의 체크박스를 해제해 캔버스를 투명하게 보거나 배경 색상 레이어를 터치해 배경색을 지정하는 게 좋아요.

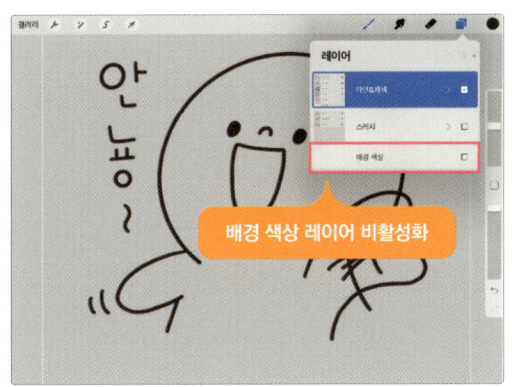
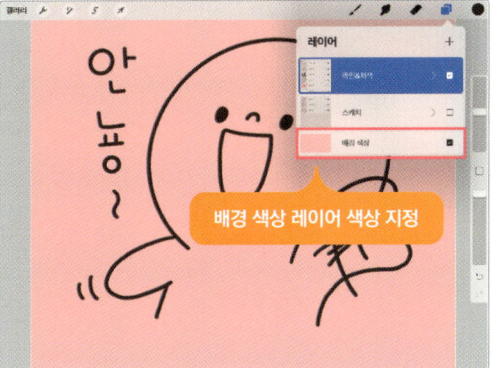

이제 채색에 쓸 브러시를 선택할게요. 스케치나 라인을 그릴 때는 어떤 브러시를 쓰든 상관 없었지만, 채색을 할 때는 빈 곳이 생기지 않도록 텍스처가 없고 밀도 높은 브러시를 사용해야 해요. 따라서 〈서예 → 모노라인〉이나 〈잉크 → 스튜디오 펜〉을 선택하겠습니다.

> **TIP**
> 〈색상〉과 채색 방법에 대한 자세한 설명은 '02-6 색상의 5가지 팔레트 알아보기'를 참고하세요.

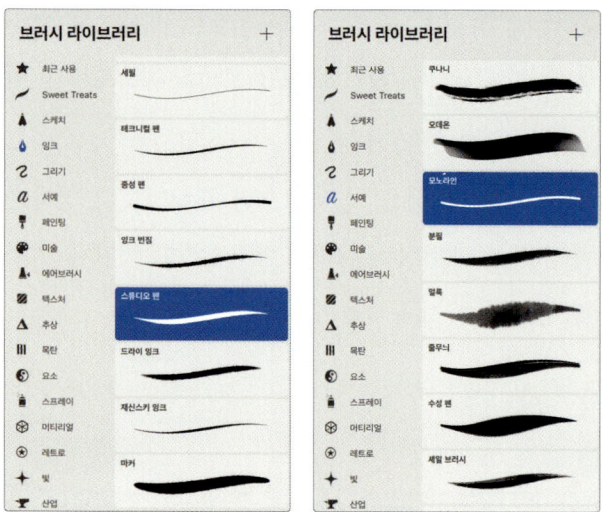

민두는 볼 터치가 매력 포인트예요. 볼 터치도 다양하게 표현할 수 있는데 저는 코를 지나 두 뺨을 연결해 부드러운 분홍색으로 표현했어요. 이렇게 볼 터치 외에도 보조개, 주름, 주근깨, 안경 등 캐릭터의 얼굴에 매력 포인트를 추가하면 개성을 표현할 수 있어요.

> **TIP**
>
> 채색 중에 라인 밖으로 색상이 나가면 중간중간 지우개로 지워도 되고 전체 채색이 다 끝나고 한번에 정리해도 돼요.

채색을 한 다음 위치를 조정하고 싶으면 〈선택 S〉으로 영역을 선택하고 〈변형 ↗〉으로 옮기면 간단하게 이동할 수 있답니다. 위치 조정 외에 크기나 뒤틀기도 할 수 있어요.

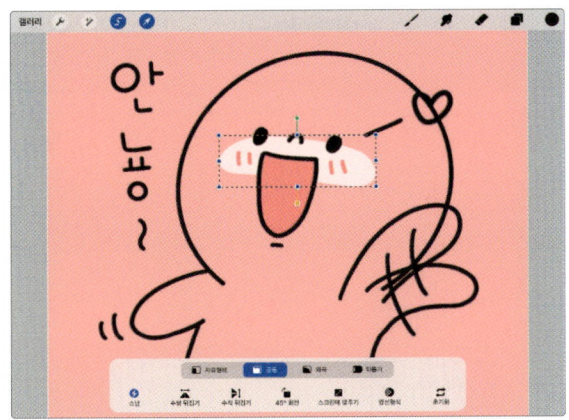

이렇게 민두의 하얀 몸과 볼터치, 효과까지 모두 채색을 완료해 보았어요. 채색을 할 때 앞에 있어야 할 부분이 뒤에 있지 않도록 레이어 순서에 주의하세요. 가령 얼굴보다 앞에 있어야 하는 팔 레이어가 얼굴 레이어보다 아래에 있으면 안 되겠죠?

채색을 다했으면 배경 색상 레이어를 비활성화해 채색이 덜 됐거나 채색이 되지 않아야 할 부분에 채색이 되어 있진 않은지 확인해 보세요. 이 과정에서 심심해 보일 수 있는 부분은 더 그려서 보완할 수 있답니다.

배경 레이어 활성화

배경 레이어 비활성화

라인 채색으로 리듬감 주기

이번에는 '축하하는 민두' 캔버스를 열어 새 레이어를 추가하고 채색해 볼게요. 이 이모티콘은 흩날리는 폭죽이 포인트예요. 캐릭터를 채색할 때처럼 라인 안쪽만 채색해도 좋고, 채색할 색보다 조금 진한 색으로 라인을 채색하면 리듬감과 입체감을 준답니다.

색을 선택하고 라인을 따라 그대로 그려도 좋지만, 똑같이 덧그리는 건 어려울 거예요. 이럴 때 〈알파 채널 잠금〉 기능을 이용하면 라인만 채색할 수 있어요. 〈레이어〉 창에서 채색할 라인 레이어를 선택하고 〈알파 채널 잠금〉을 활성화한 다음 브러시로 색칠해 보세요. 라인 외에는 그려도 채색되지 않아 쉽게 라인 색만 바꿀 수 있답니다.

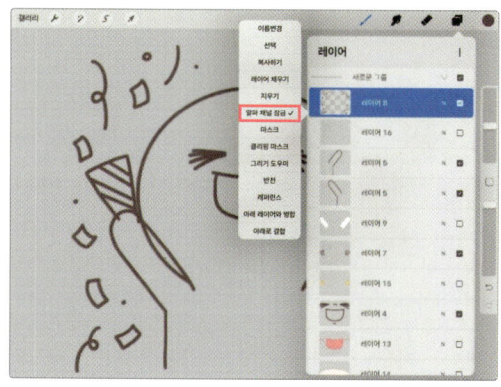 

폭죽 라인을 모두 채색했다면 안쪽은 다른 색으로 채워 보세요. 이렇게 한 요소에 1가지 이상의 색이 들어갈 땐 톤을 비슷하게 맞춰 주는 게 안정감 있고 좋아요. 색상은 다양하되 명도나 채도는 비슷하게요. 라인을 그린 색보단 조금 더 연한 색으로 안을 채워서 폭죽을 리듬감 있고 입체적으로 표현했어요.

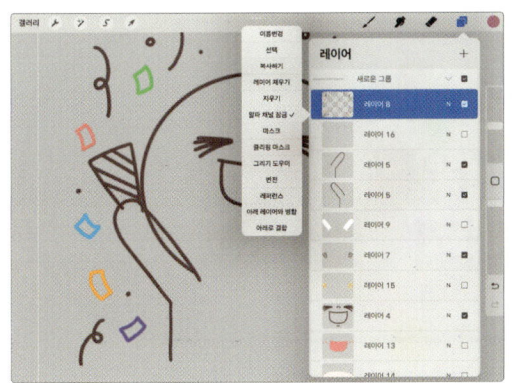 

마지막 '엄지 척 민두' 캔버스도 열어 채색을 완성해 주세요. 마찬가지로 포인트가 되는 효과나 소품은 라인과 라인 안쪽 색을 다르게 하면 아기자기한 느낌을 줄 수 있어요. 때에 따라 색을 달리 하며 강약의 리듬감을 주는 것도 재미있는 표현 방법 중 하나랍니다.

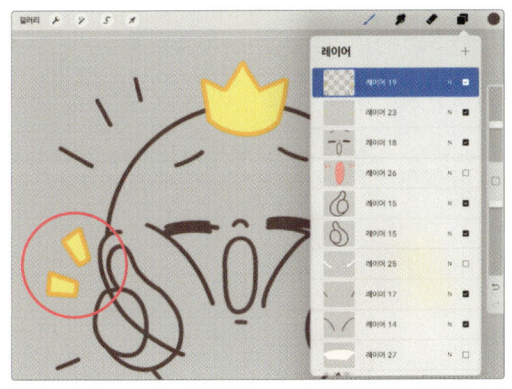 

과제 내 이모티콘 채색하기

☑ 스케치와 라인까지 완성한 24개의 이모티콘 캔버스를 하나씩 열어 채색을 해보세요. 효과나 포인트 요소는 라인과 안쪽 색을 다르게 해 더 풍부하게 표현해 보세요.

 TIP

채색하면서 사용한 색은 '내 컬러 팔레트'에 추가해 두면 다음에 또 사용할 수 있어요.
라인을 채색할 때는 〈알파 채널 잠금〉 기능을 활용하세요.

04-5 완성 파일 내보내기

이제 파일을 저장하고 내보내는 과정을 알아볼 거예요. 파일을 제안용(이미지)으로 저장할 수도 있고 보관·백업용(레이어)으로 저장할 수도 있어요. 대부분의 이모티콘 플랫폼에 제출해야 하는 이미지 파일 형식은 PNG랍니다. 하나의 이미지 파일이어야 하고 배경이 없는 투명 이미지여야 해요. 저장하기 전 배경 색상을 투명으로 지정했는지 꼭 확인하세요!

 **TIP**
> 배경 색상을 투명하게 만드는 방법은 '02-5 레이어 이해하기 - 배경색 지정하기'를 참고하세요.

프로크리에이트에서 완성한 파일을 내보내는 경로는 크게 2가지예요. 갤러리에서 캔버스를 선택해 내보내거나 캔버스에서 바로 내보낼 수 있죠. 아주 쉽고 간단하니 잘 보고 따라해 주세요!

갤러리에서 내보내기

갤러리에서 한 캔버스만 공유할 때는 간단하게 캔버스를 오른쪽에서 왼쪽으로 슬라이드 하세요. 그러면 캔버스 위에 〈공유, 복제, 삭제〉가 뜨는데 여기서 〈공유〉를 선택하면 내보낼 파일의 형식을 선택할 수 있어요.

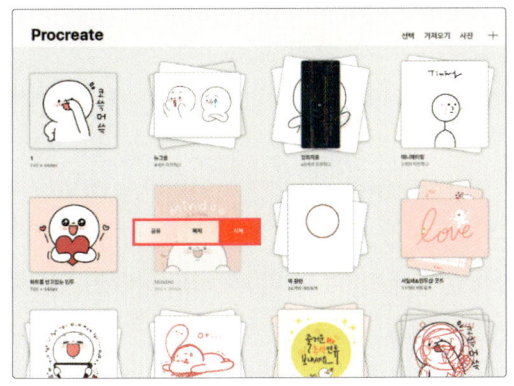 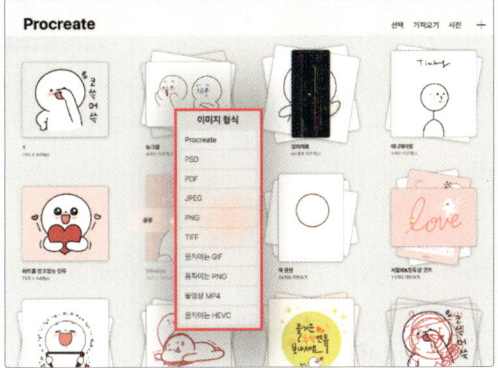

파일 형식 중 'Procreate'는 프로크리에이트 고유 파일 형식이에요. 프로크리에이트에서 작업한 내역과 레이어를 그대로 저장하는 형식이므로 보관·백업용으로 좋아요. 만약 다른 기기에서 다른 프로그램으로 레이어를 그대로 가져가려면 'PSD'를 선택하세요.

이미지 파일은 'JPEG'나 'PNG'가 대표적인데, 제안용 파일은 배경 유무를 선택할 수 있는 PNG여야 해요. 앞에 '움직이는'이 붙은 파일 형식들은 움직이는 이모티콘을 저장할 때 선택한답니다. 제안용 파일은 '움직이는 GIF'여야 해요.

파일 형식을 선택하면 〈내보내기〉 창이 뜰 거예요. 〈이미지 저장, AirDrop, 보내기 (iCloud Drive)〉를 비롯해 아이패드에 설치된 앱 중 선택할 수 있어요. 이때 외부 드라이브나 카카오톡 같은 메신저로 바로 파일을 내보낼 수도 있답니다. 만약 〈내보내기〉 창에서 원하는 방식이나 앱이 보이지 않는다면 앱 아이콘들을 왼쪽으로 밀어 제일 끝에 〈더 보기〉를 터치하면 더 많은 선택지가 있으니 이곳에서 선택하세요!

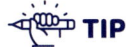 **TIP**

> 아이패드에 파일을 저장하려면 〈이미지 저장〉을 터치해 사진 앱에 저장하세요.

1개 이상의 캔버스를 공유하려면 갤러리 오른쪽 상단의 〈선택〉을 터치하고 공유할 캔버스를 선택하세요. 그리고 다시 갤러리 오른쪽 상단에서 〈공유 → 이미지 형식〉에서 내보낼 파일 형태를 선택하세요. 제안용 파일이라면 〈PNG〉를 터치하세요.

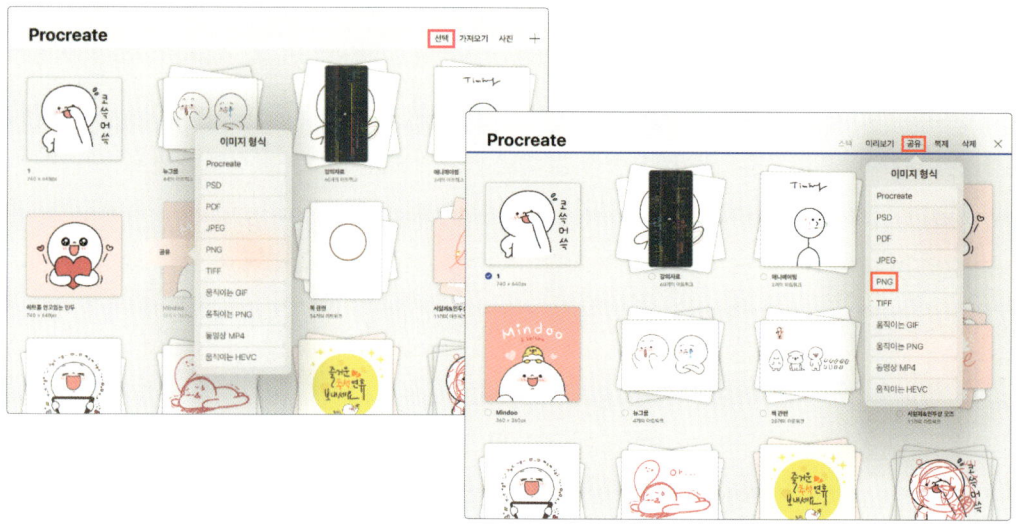

캔버스에서 내보내기

캔버스에서 바로 이미지 파일을 내보낼 수도 있어요. 캔버스 왼쪽 상단에서 〈동작 🔧 → 공유〉를 터치하세요. 마찬가지로 제안용이나 보관용 또는 백업용에 맞는 파일 형식을 선택하고 내보낼 방법을 선택하면 된답니다.

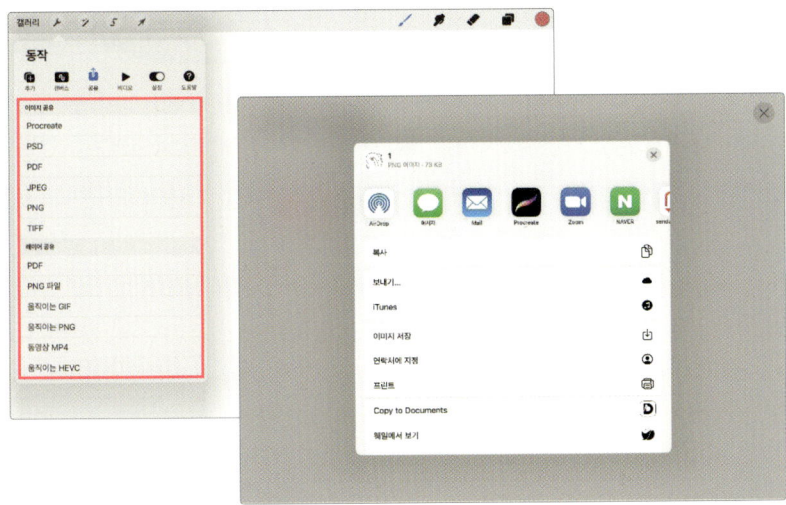

 **화유 쌤의 숏터뷰**

 Q. 완성 파일은 어디에 저장하고 관리하시나요?

A. 저는 아이패드 외에 PC나 모바일 등 여러 기기에서 언제든 파일을 확인하고 공유할 수 있도록 드라이브나 앱을 이용해서 저장하고 관리한답니다. 이렇게 파일을 저장하면 기기를 분실하거나 파일이 유실되거나 또는 운영체제가 바뀌어도 웹 서버에 저장된 파일을 이용할 수 있어서 무척 편리하답니다.

제가 주로 사용하는 프로그램은 '센드애니웨어(Send Anywere)'예요. 무료 프로그램인데다 이미지뿐만 아니라 영상, 연락처 등을 쉽게 저장하고 보관할 수 있어요.

또는 클라우드 앱을 이용할 수도 있어요. 대표적으로 '구글 드라이브'가 있죠. 마찬가지로 아이패드에서 앱을 설치하면 파일을 쉽게 보관하고 다른 기기나 환경에서 내려받을 수 있어 무척 편리하답니다.

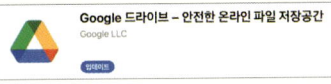

04-6 제안용 파일 제작하기

지금까지 네이버 OGQ 마켓에서 제안하는 사이즈에 맞춰 24개의 멈춰 있는 이모티콘을 만들었어요. 이렇게 이모티콘 '제작 단계'를 모두 마쳤다면 이제 '출시 단계'를 위해 플랫폼의 규격에 맞는 추가 파일을 준비해야 해요. 그러려면 네이버 OGQ 마켓에서 제안하는 파일 규격을 알아야겠죠? 먼저 가이드를 함께 볼까요?

네이버 OGQ 마켓 크리에이터 스튜디오에서 '콘텐츠 제작 가이드' 페이지로 이동하면 콘텐츠 종류별 제작 가이드를 볼 수 있어요. 이 중 우리가 제작한 이모티콘은 멈춰 있는 이모티콘, 즉 '스티커'입니다.

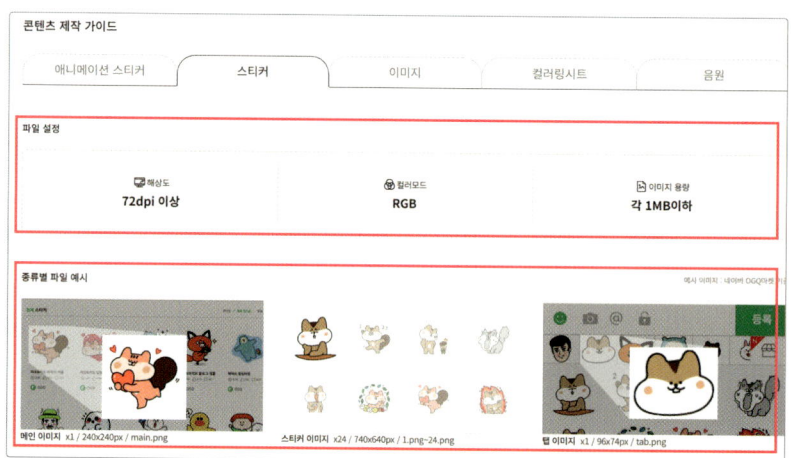

'파일 설정'의 해상도, 컬러 모드는 캔버스를 만들 때 미리 설정해 두었다면 문제 없겠죠? 만약 이미지 용량이 걱정된다면 사이즈 변환이 필요할 거예요. 그 다음 확인해야 할 건 '종류별 파일 예시'입니다. 총 3개의 파일 규격이 필요해요. 우리가 지금까지 제작한 **스티커 이미지(740px×640px)**, 썸네일에 사용할 **메인 이미지(240px×240px)** 그리고 아이콘으로 사용할 **탭 이미지(96px×74px)**입니다. 스티커 이미지는 만들어 두었으니 메인 이미지와 탭 이미지가 1장씩 필요해요.

또 전달할 파일 이름도 메인 이미지는 'main.png', 스티커 이미지(이모티콘 이미지)는 '1.png~24.png', 탭 이미지는 'tap.png'여야 합니다.

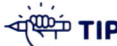 **TIP**

> 전달할 파일 규격, 파일명은 플랫폼에 따라 달라질 수 있으니 제안할 플랫폼의 가이드를 반드시 확인하세요.

메인 이미지와 탭 이미지는 우리가 만든 24개의 이모티콘을 대표하는 이미지가 되니 내 이모티콘을 잘 표현할 수 있는 이미지를 사용하는 게 좋아요. 여기서 주의해야 할 점은 메인 이미지에 너무 많은 것을 보여주려다가 오히려 전하려는 바가 정확히 전달되지 않을 수 있다는 거예요. 되도록 1개에서 많게는 4개(작은 사이즈로) 정도의 이미지를 조합해 만들어 주세요. 또, 탭 이미지는 크기가 아주 작기 때문에 자잘한 효과들은 모두 삭제하고 얼굴 부분만 사용하거나 이모티콘의 한 요소를 또렷하게 보여 주는 게 좋아요.

그렇다면 이미지 용량을 줄이기 위해 사이즈를 변환하되 이미지가 깨지지 않는 방법과 메인 이미지와 탭 이미지를 만드는 방법을 알려드릴게요!

깨지지 않게 사이즈 변경하기

이모티콘을 제작할 때 캔버스를 플랫폼 제안 사이즈보다 크게 지정했다면 제안 전 반드시 사이즈 변경을 해야 해요. 그렇다고 아무 설정 없이 캔버스 사이즈를 바꾸면 이미지가 깨지는 현상이 발생해요. 이미지의 해상도를 최대한 유지하며 사이즈를 변경하는 방법을 알려드릴게요.

우선 사이즈를 변경할 캔버스를 열어주세요. 그리고 〈동작 🔧 → 캔버스 → 잘라내기 및 크기변경〉을 선택해 〈잘라내기 및 크기변경〉 창을 열어 주세요.

〈잘라내기 및 크기변경〉 창 오른쪽 상단에 〈설정 → 캔버스 리샘플〉을 활성화해 주세요. 〈캔버스 리샘플〉을 활성화해야 원본에 가까운 해상도를 유지하며 사이즈를 변경할 수 있답니다. 그런 다음 원하는 캔버스 사이즈를 입력해 사이즈를 변경해 주세요.

메인 이미지 제작하기

이제 제안용 파일 중 하나인 메인 이미지(240px×240)를 제작할게요. 제작 방법은 간단하답니다. 24개의 이모티콘 중 내 캐릭터의 매력이 가장 돋보이거나 콘셉트를 가장 잘 보여주는 이모티콘을 메인 이미지 사이즈로 변경할 거예요. 이모티콘 하나를 선택한 다음 해당 캔버스를 〈복제〉해 하나 더 만들어 주세요.

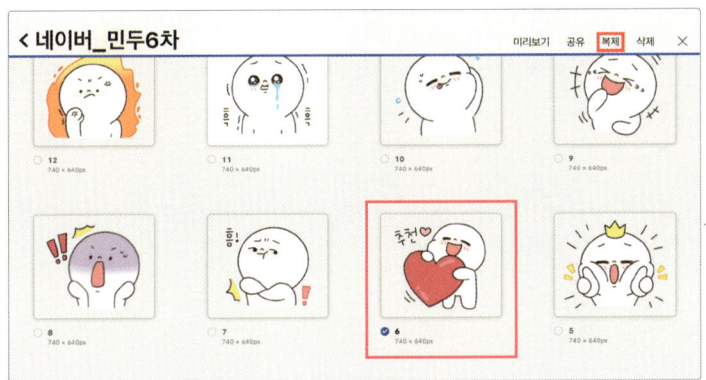

복제한 캔버스를 열고 〈동작 🔧 → 캔버스 → 잘라내기 및 크기변경〉을 터치하세요.

> **TIP**
> 메인 이미지로 사이즈를 변환하기 전 이모티콘을 수정해야 할 부분이 있는지 반드시 확인하세요!

〈잘라내기 및 크기변경〉 창 오른쪽 상단 〈설정〉에서 원하는 캔버스 크기를 입력할 수 있어요. 하지만 정사각형이어야 하는 메인 이미지와 달리 지금 이모티콘 캔버스는 정사각형이 아니기 때문에 무작정 사이즈를 바꾸면 이모티콘의 위치가 틀어진답니다. 따라서 먼저 정사각형으로 바꾸고 위치를 다시 잡을게요.

캔버스 크기를 640px×640px으로 바꾸고 〈스냅〉을 활성화해 이모티콘이 중앙에 오도록 위치를 옮겨 주세요.

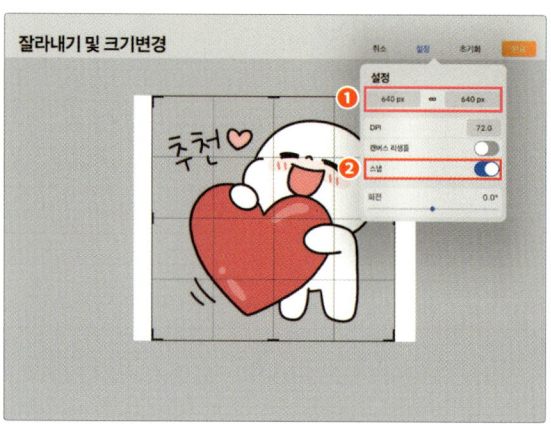

이제 〈설정 → 캔버스 리샘플〉을 활성화하고 캔버스 크기에 240px×240px을 입력해 주세요. 모든 설정이 끝났다면 오른쪽 상단에 〈완료〉를 눌러 적용하세요.

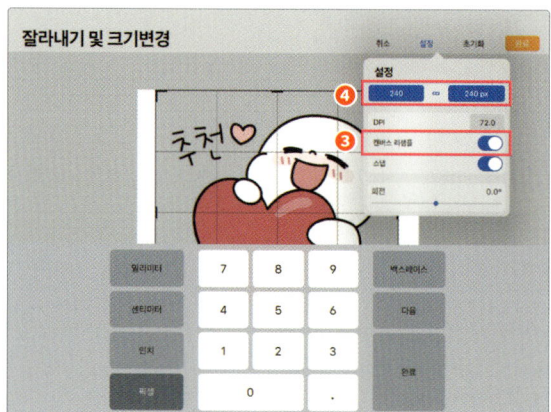

사이즈를 변환한 캔버스를 보면 선이 자글자글 깨진 것처럼 보이지만 캔버스가 화면 크기에 맞춰 확대된 상태이기에 그렇게 보이는 거예요. 실제 240px×240px 사이즈는 무척 작기 때문에 실제 크기 만큼 캔버스를 축소하면 깨지지 않은 걸 확인할 수 있답니다.

 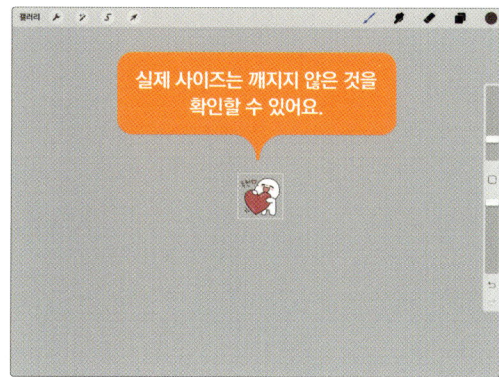

마지막으로 갤러리로 돌아가 캔버스 이름을 제안용 규격에 맞춰 'main'으로 바꿔서 마무리하세요. 파일을 내보낸 다음 파일명을 변경해도 좋지만, 프로크리에이트에서 원본 파일명을 미리 바꿔 두면 내보낼 때마다 파일명을 바꾸지 않아도 돼서 편리하답니다.

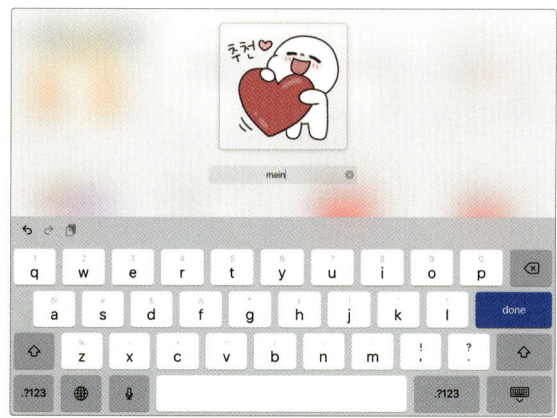

탭 이미지 제작하기

이번에는 이모티콘을 구매하고, 사용할 때 이모티콘의 대표 이미지로 보이는 **탭 이미지**를 만들어 볼게요. 메인 이미지는 탭 이미지보다 비교적 큰 사이즈여서 전신이나 꾸밈 효과들이 함께 포함되어도 잘 보이지만, 탭 이미지는 굉장히 작기 때문에 캐릭터의 얼굴이나 핵심 요소만 보이도록 제작해야 훨씬 눈에 띌 수 있답니다. 마찬가지로 탭 이미지에 사용할 이모티콘 하나를 선택한 다음 해당 캔버스를 〈복제〉해 하나 더 만들어 주세요.

복제한 캔버스를 열고 얼굴과 꾸밈 효과를 제외한 나머지 부분은 레이어 숨김을 하거나 삭제해 필요한 부분만 남겨 주세요. 그런 다음 배치를 다시 하거나 꾸밈 요소를 더하거나 빼는 등 얼굴이 돋보이도록 수정해 주세요.

> **TIP**
> 필요하다면 탭 이미지를 새로 그리는 것도 좋아요!

이제 탭 이미지 사이즈로 변환할 텐데요. 탭 이미지는 정사각형도 아니고 스티커 이미지와도 사이즈가 달라서 두 번에 걸쳐 사이즈를 변경해야 해요. 먼저 〈동작 🔧 → 캔버스 → 잘라내기 및 크기변경〉에서 〈캔버스 리샘플〉을 활성화하세요. 그런 다음 가로 96px로 캔버스 사이즈를 변경하고 〈완료〉를 눌러 저장하세요.

 **TIP**

1차 변경된 사이즈 96px×83px 탭 이미지로 변경해야 할 최종 사이즈 96px×74px

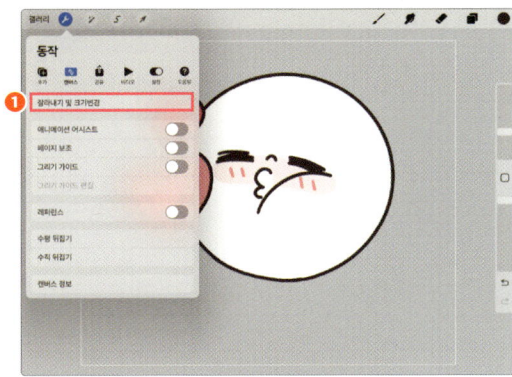
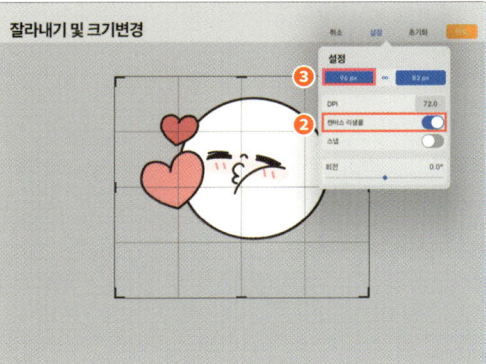

다시 〈동작 🔧 → 캔버스 → 잘라내기 및 크기변경 → 캔버스 리샘플〉을 비활성화하고 〈스냅〉을 활성화한 상태에서 세로 사이즈를 74px로 입력하면 사각 박스의 사이즈가 바뀌는 걸 볼 수 있어요. 이미지가 가운데에 오도록 박스 위치를 옮겨 주세요. 배치를 완료했다면 〈설정 → 캔버스 리샘플〉을 활성화하고 오른쪽 상단에서 〈완료〉를 눌러 완성해 주세요.

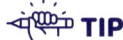 **TIP**

메인 이미지처럼 깨진 것처럼 보이더라도 실제 사이즈에서는 깨진 상태가 아니니 안심하세요.

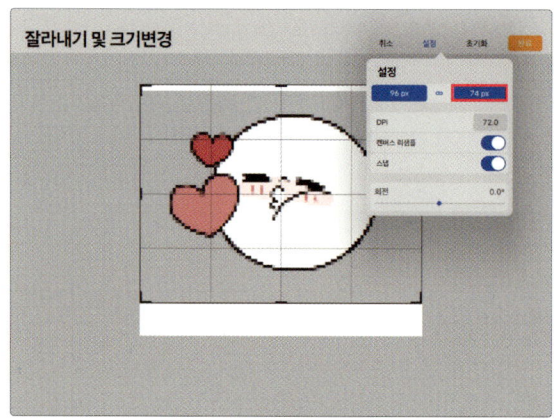

마지막으로 갤러리로 돌아가 캔버스 이름을 제안용 규격에 맞춰 'tap'으로 바꿔서 마무리 하세요.

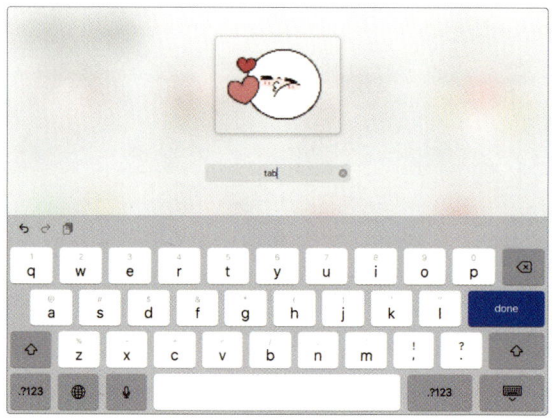

 메인 이미지와 탭 이미지 제작&저장하기

☑ 24개의 이모티콘 중 내 캐릭터를 잘 드러낼 이모티콘 하나를 선택해 메인 이미지와 탭 이미지로 사이즈를 변경해 보세요. 사이즈를 변경하는 과정에서 가시성을 높이기 위해 수정이 필요하거나 새로 그려야 할 부분도 확인해 보세요.

♥ **TIP**

캔버스 사이즈를 바꾸기 전 〈캔버스 리샘플〉을 활성화하세요.
캔버스 사이즈를 바꾸고 이모티콘을 재배치할 때는 〈스냅〉을 활성화하세요.

5장
움직이는 이모티콘 만들기

지금까지 24개의 멈춰 있는 이모티콘을 만들어 봤어요. 효과와 텍스트로도 충분히 생동감을 줄 수 있지만, 더 표현하고 싶은데 아쉬웠다면 마치 살아 움직이는 것 같은 움직이는 이모티콘에 도전해 보세요!
움직이는 이모티콘의 원리부터 모션 제작과 저장하는 방법까지 하나하나 잘 따라 하기만 하면 어느새 움직이는 이모티콘까지 뚝딱 만들어져 있을 거예요.

- 05-1 움직이는 이모티콘의 원리
- 05-2 '통통 튀는 공' 애니메이션 만들기
- 05-3 이모티콘 동작 구상하기
- 05-4 제안용 파일 제작하기

05-1
움직이는 이모티콘의 원리

움직이는 그림, 즉 **애니메이션**은 원화와 동화를 합쳐 원동화라고도 해요. **원화**는 동작의 큰 포인트가 되는 그림이고, **동화**는 동작과 동작 사이를 자연스럽게 이어주는 그림이에요. 예를 들어 앉았다 일어나는 애니메이션에서 앉아 있는 그림 1장과 서 있는 그림 1장이 원화, 그 사이를 연결하는 모든 동작을 그린 그림이 동화예요.

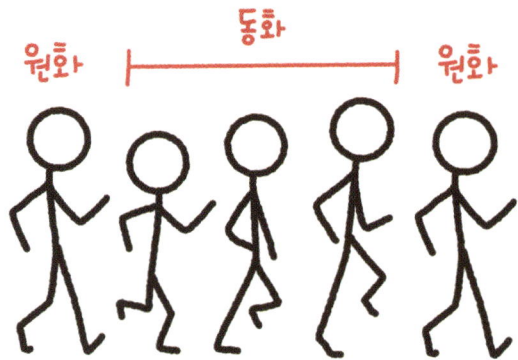

원화와 동화가 잘 어우러질수록 애니메이션이 부드럽고 자연스럽게 느껴져요. 이렇게 실제 움직임처럼 자연스러운 애니메이션은 어떻게 만들어지는 걸까요?

애니메이션의 12가지 원리

디즈니의 최초 애니메이터 팀 '나인 올드 맨'에 속해 있었던 프랭크 토마스Frank Thomas와 올리 존스톤Ollie Johnston은 1981년에 출간한 《The Illusion of Life : Disney Animation》이란 책에서 '애니메이션 제작의 12가지 원리'를 소개했어요. 12가지 원리는 다음과 같아요.

> **애니메이션의 12가지 원리**
> 1. Squash and Stretch (찌그러짐, 늘어남)
> 2. Anticipation (사전 준비 동작)
> 3. Staging (연출/장면 구성)
> 4. Straight Ahead&Pose to Pose (스트레이트 어헤드&포즈 투 포즈)
> 5. Follow Through&Overlapping Action (후속 동작&연속되는 동작)
> 6. Slow In&Slow Out (슬로인&슬로아웃)
> 7. Arcs (곡선, 호)
> 8. Secondary Action (2차 동작)
> 9. Timing (타이밍)
> 10. Exaggeration (과장)
> 11. Solid Drawing (솔리드 드로잉)
> 12. Appeal (매력)

[애니메이션의 12가지 원리 (AlanBeckerTutorials)]

이 12가지 원리는 각각 단독으로 사용하기보다는 몇 가지 원리를 복합적으로 적용해서 연출하게 돼요. 움직이는 이모티콘을 만들 때 이 원리들을 적용하면 더욱 생동감 있고 찰진 모션을 만들 수 있어요. 이 중 대표적인 몇 가지 원리를 적용해 통통 튀는 공을 직접 그려볼 거예요. 또 단순히 그리기에 그치지 않고 애니메이션으로 움직임까지 주면 더 좋겠죠? 프로크리에이트의 장점 중 하나가 애니메이션 기능까지 지원한다는 거예요. 먼저 프로크리에이트에서 애니메이션을 만드는 기능을 살펴볼게요.

〈애니메이션 어시스트〉 이해하기

애니메이션을 만들기 전에 프로크리에이트에서 애니메이션을 쉽게 만들 수 있도록 도와주는 몇 가지 기능을 살펴볼게요. 먼저 스크린 크기의 새로운 캔버스를 열고 〈동작 🔧 → 캔버스 → 애니메이션 어시스트〉를 터치해 보세요. 캔버스 아래에 〈타임라인〉 창이 생길 거예요.

영상으로 보기

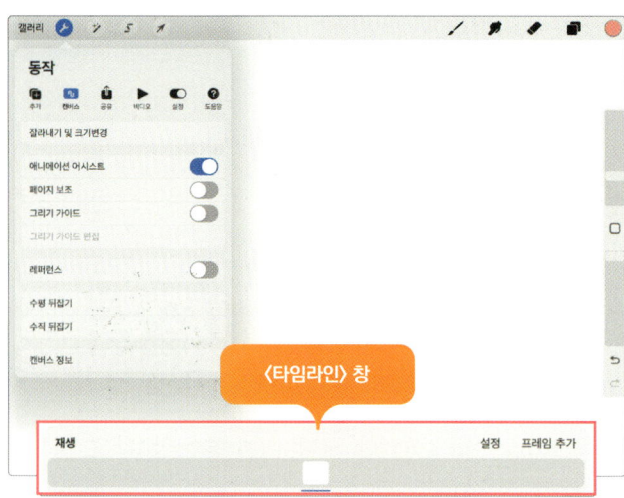

이제 아무 브러시나 선택한 다음 최대 크기로 캔버스에 점을 하나 찍어 보세요. 그리고 〈타임라인〉 창에서 〈프레임 추가〉를 눌러 점 하나를 더 찍고 또 〈프레임 추가〉를 눌러 점을 찍어 5개의 프레임을 만들어 보세요. 이렇게 5개의 프레임으로 구성된 애니메이션이 완성됐어요. 간단하죠?

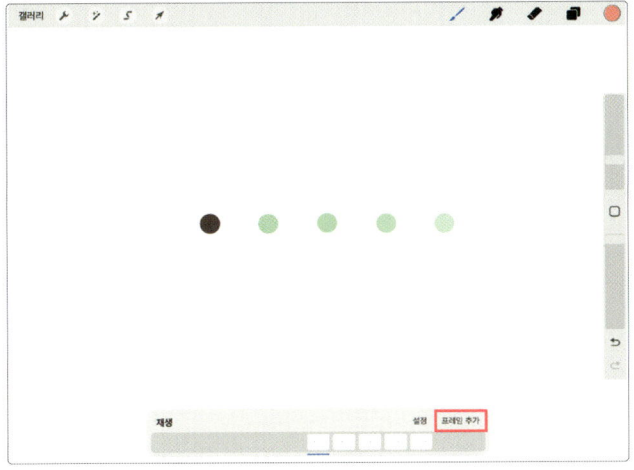

프레임을 하나씩 옮겨 가며 작업을 하게 될 텐데요. 선택한 프레임을 바꾸려면 〈타임라인〉 창에서 원하는 프레임을 터치하거나 타임라인을 슬라이드해 좌우로 움직여 보세요.

이제 이 애니메이션을 어떻게 설정할 수 있는지 〈설정〉의 기능들을 살펴볼게요. 〈타임라인〉에서 〈설정〉을 터치하면 제일 위에 〈루프, 핑퐁, 원샷〉이라는 3가지 옵션이 있어요. 기본으로 〈루프〉가 선택되어 있을 거예요. 〈루프〉는 프레임을 순서대로 재생하고 모두 재생한 다음 처음으로 돌아가 다시 재생하는 거예요. 반면 〈핑퐁〉은 프레임을 순서대로 모두 재생한 다음 거꾸로 다시 재생돼요. 〈원샷〉은 처음부터 끝까지 딱 한 번만 재생되죠. 옵션을 바꿔가면서 〈타임라인〉 창 왼쪽 상단의 〈재생〉을 눌러 확인해 보세요.

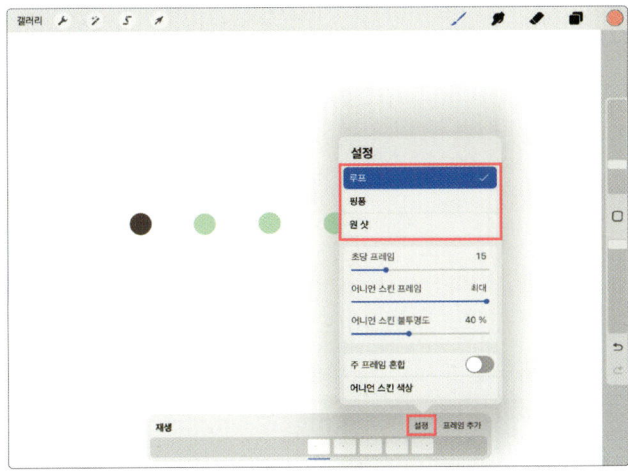

속도가 너무 빠르다면 〈초당 프레임〉을 낮춰 속도를 늦출 수 있어요. 그 아래 〈어니언 스킨 프레임〉은 현재 선택한 프레임의 앞뒤 프레임을 양파 껍질처럼 투명하게 보여주는 기능이에요. 앞뒤 프레임의 움직임을 보면서 다음 프레임과 연결해 그릴 수 있기 때문에 무척 유용한 기능이죠. 기본 설정은 **최대**로 되어 있을 거예요. 슬라이드바를 조절해 어느 프레임까지 볼지 설정해 보세요.

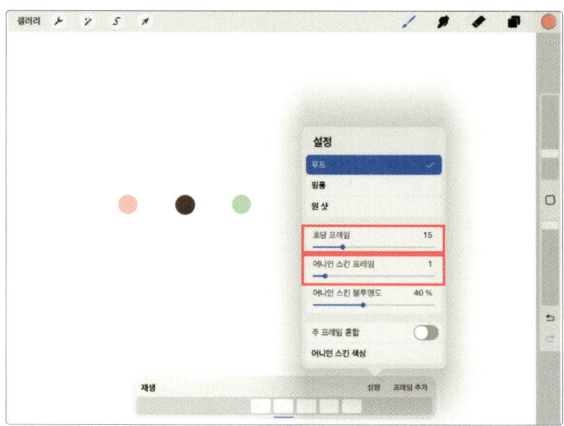

〈어니언 스킨 불투명도〉는 이름 그대로 앞뒤 프레임의 불투명도를 조절하는 기능이에요. 값을 낮추면 현재 선택한 프레임 외의 프레임은 연하게 보이고 값을 높이면 진하게 보일 거예요. 지금은 점 다섯 개를 나열한 형태라 불투명하게 하지 않아도 잘 보이지만, 모션을 이어 그릴 땐 불투명도를 낮춰 연하게 보는 게 좋아요.

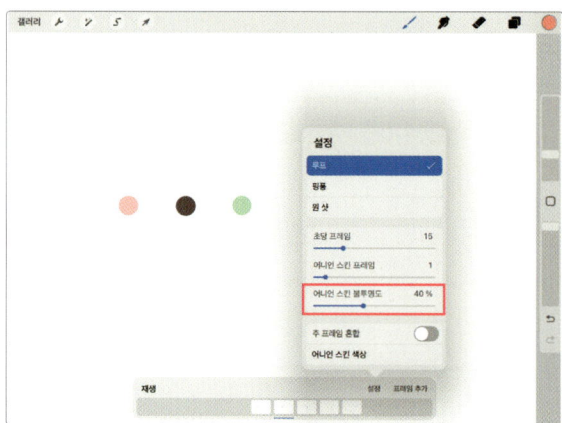

〈주 프레임 혼합〉은 프레임과 프레임의 겹친 부분을 보여 줘 전후 프레임을 더 자연스럽게 연결해 그릴 수 있도록 돕는 기능이에요.

〈어니언 스킨 색상〉은 현재 선택한 프레임을 기준으로 앞쪽 프레임은 빨간색, 뒤쪽 프레임은 연두색으로 표시되는데 이 색상을 원하는 색으로 변경할 수 있어요.

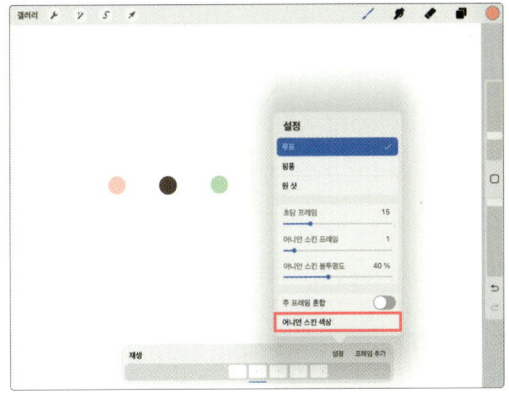
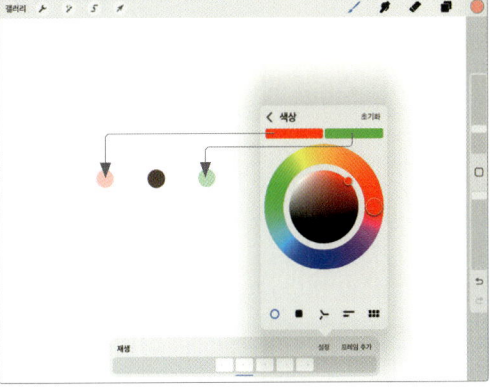

마지막으로 <프레임 옵션>을 살펴볼게요. 이번엔 프레임을 터치해 보세요. 현재 선택한 프레임을 보여 주는 시간을 설정할 수 있는 <유지 지속 시간>과 프레임을 복제하거나 삭제할 수 있는 <복제, 삭제> 기능이 있어요.

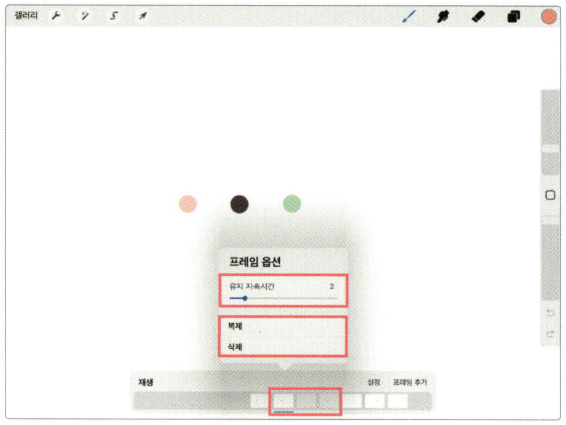

애니메이션을 완성하기 위해 필요한 기능은 여기까지랍니다. 생각보다 어렵지 않죠? 애니메이션 작업을 하면서 나에게 맞는 설정 값을 찾아 하나씩 진행해 보세요. 가장 편하게 작업할 수 있는 환경이 가장 좋은 설정이에요.

 Q. 작가님은 애니메이션 설정을 어떻게 하시나요?

 A. 저는 <초당 프레임>은 24, <어니언 스킨 프레임>은 1, <어니언 스킨 불투명도>는 40으로 설정한답니다. 루프, 핑퐁, 원샷은 때에 따라 바꿔 가면서 사용해요.

05-2 '통통 튀는 공' 애니메이션 만들기

처음부터 캐릭터로 애니메이션을 만들면 빠르고 좋겠지만, 단순히 캐릭터의 표정이나 팔다리 움직임뿐만 아니라 부수적 움직임을 표현하는 건 쉽지 않은 일이에요. 예를 들어서 흔들리는 머리카락이나 옷자락 그리고 귀, 손가락 같은 움직임은 시간 차나 움직임의 특성을 고려해야 해서 애니메이션을 어려운 작업이라 느끼게 만들죠.

따라서 가장 기본 도형인 원을 이용해 공중에서 떨어지는 공을 그리며 움직임의 원리를 먼저 이해하는 과정이 필요해요. 그런 다음 팔과 다리를 붙여 보고 머리도 그리면서 단계별로 알아가는 게 좋아요. 앞서 살펴본 '애니메이션의 12가지 원리'를 바탕으로 공의 움직임을 만들어 볼게요.

간격으로 속도 표현하기 – Timing, Spacing

애니메이션에서 중요한 요소 중 하나가 **시간 차**(Timing)와 **속도**(Spacing), 즉 간격이에요. 그림과 그림의 간격이 넓을수록 빠르게 움직이는 것처럼 보이고, 그림과 그림의 간격이 좁을수록 느리게 움직이는 것처럼 느껴져요. 함께 그려볼까요?

> **TIP**
> 애니메이션 작업을 할 때는 반드시 〈애니메이션 어시스트〉를 활성화해 〈타임라인〉 창을 연 다음 시작하세요.

캔버스 위쪽에 동그라미를 하나 그린 다음 <타임라인 → 프레임 추가>를 선택해 프레임을 추가하고 아래에 동그라미를 하나 더 그려보세요. 이렇게 직선으로 3개의 동그라미, 3개의 프레임을 만들어 주세요.

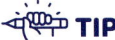 **TIP**

깔끔한 동그라미를 그리려면 <퀵셰이프> 기능을 이용하세요.

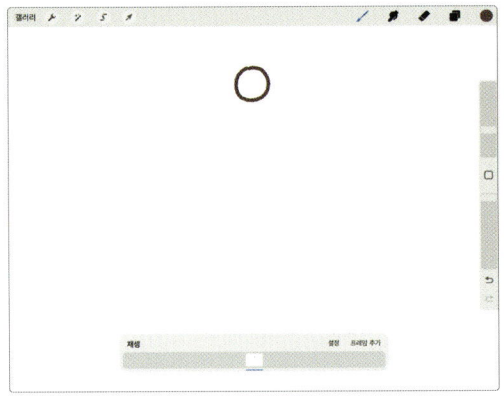 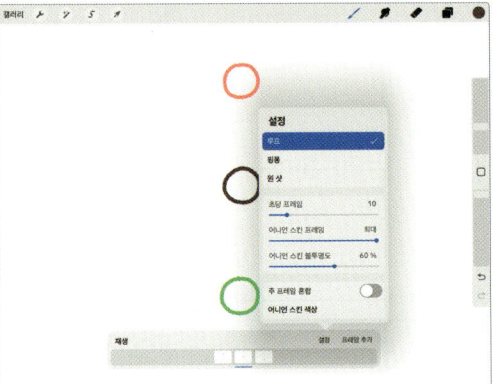

이제 움직임을 섬세하게 만들기 위해 프레임을 더 추가해 볼게요. 첫 번째 프레임을 선택하고 <프레임 추가>로 2개의 프레임을 추가한 뒤 맨 위 원과 겹치면서 아래로 내려가는 원 2개를 그려 주세요. 움직임이 자연스럽도록 <초당 프레임>은 10 정도로 조절해 주세요.

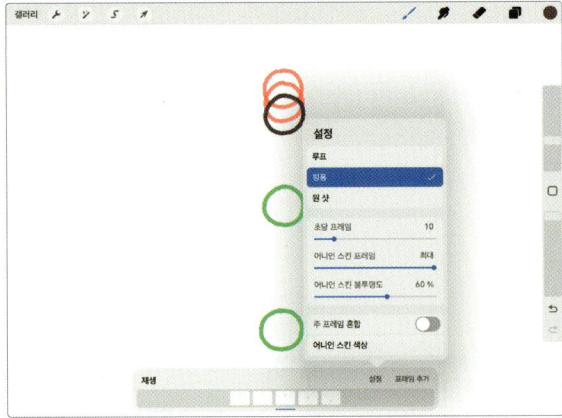

〈재생〉을 하면 처음에는 천천히 떨어지다가 마지막에는 뚝 떨어지죠? 원의 간격이 좁으면 속도가 느리게 느껴지고 간격이 넓으면 빠르게 느껴져요. 즉, 연속적인 그림의 간격은 속도에 큰 영향을 미친답니다. 이렇게 각 프레임 간의 간격을 **스페이싱** Spacing, 넓은 간격으로 빠르게 표현하는 것을 **슬로인** Slow-in, 좁은 간격으로 느리게 표현하는 것을 **슬로아웃** Slow-out이라고 해요.

늘어남, 찌그러짐 표현하기 – Squash and Stretch

공이 공중에서 바닥으로 떨어지면 바닥에 닿은 공은 어떻게 될까요? 원래 형체를 유지하지 못하고 순간적으로 납작해질 거예요. 또 공중에서 가속도를 받은 공의 형체도 가만히 있을 때와는 다르겠죠. 이게 바로 '애니메이션의 12가지 원리'에서 가장 먼저 등장한 Squash and Stretch(찌그러짐, 늘어남)예요. 이렇게 현실적인 모습까지 표현하면 더더욱 자연스러운 모션이 완성되겠죠?

영상으로 보기

앞서 그린 공중에서 떨어지는 원에 이 원리를 적용해 원에서 공으로 탈바꿈해 볼게요. 먼저 공이 떨어져 마찰이 일어날 바닥이 있어야겠죠? 이 바닥은 프레임이 바뀌어도 계속 보여야 하기 때문에 새 프레임에 그릴게요.

제일 마지막 프레임을 선택한 상태에서 〈프레임 추가〉를 터치해 맨 마지막에 새 프레임을 만들어 주세요. 추가한 프레임을 터치해 〈프레임 옵션〉 창을 열면 〈전경〉이라는 기능이 보일 거예요. 〈전경〉은 맨 마지막 프레임에만 나타나는 기능으로, 다른 프레임들이 움직이는 동안 정지된 상태로 모든 프레임 위에 보이는 프레임을 뜻해요. 〈전경〉을 활성화하면 프레임의 모양이 변하는 걸 확인할 수 있어요.

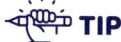 **TIP**

> 맨 마지막 프레임에서만 나타나는 〈전경〉과 반대로 맨 앞 프레임에서는 〈배경〉 기능을 볼 수 있어요. 〈전경〉이 모든 프레임의 맨 위에 고정된다면 〈배경〉은 모든 프레임의 맨 뒤에 고정되는 프레임이에요.

 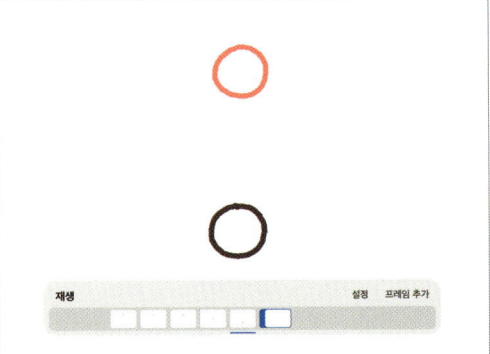

〈전경〉을 적용한 프레임을 선택하고 캔버스에서 마지막 원 아래에 가로로 선을 그어 주세요. 이 선이 마찰이 일어나는 바닥이 되는 거예요.

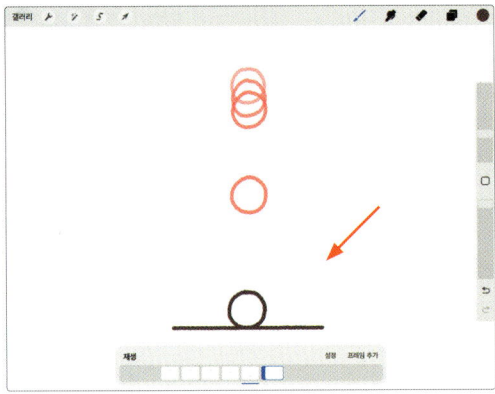

바닥에 닿는 순간 공이 찌그러지는 걸 표현할게요. 마지막 원을 그린 프레임을 선택한 다음 지우개로 둥근 원을 지우고 납작한 원을 그려 주세요. 다시 〈재생〉을 터치하면 전경 프레임인 바닥은 재생되는 동안 계속 보이고 마지막 원이 바닥에 닿으면서 찌그러지는 것처럼 보일 거예요. 이게 바로 **스쿼시** Squash 효과랍니다.

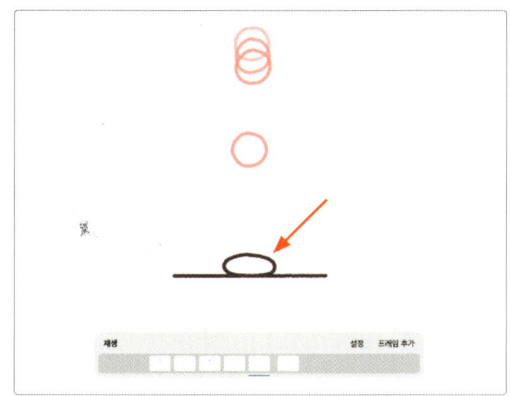

> **TIP**
> 프레임을 지우고 다시 그릴 땐 원래 프레임에서 그리는 것보다 복제해서 참고해 그린 다음 원래 프레임을 삭제하는 게 조금 더 안정적으로 그리는 방법이에요.

하지만 둥근 원이 갑자기 납작해지는 것처럼 보여서 자연스럽진 않을 거예요. 여기서 앞서 포인트가 되는 '원화' 사이를 잇는 '동화', 즉 **스트레치** Stretch 효과가 필요해요. 이번에는 가운데 원을 수정할게요. 프레임을 선택하고 둥근 원을 지운 다음 세로로 긴 원을 그려 주세요.

이제 다시 재생해 보면 전보다 훨씬 더 쫀득한 느낌의 애니메이션이 완성될 거예요. 재생 설정을 〈핑퐁〉으로 하면 반복해서 공이 튀어 오르는 걸 표현할 수 있어요.

'굴러가는 공' 애니메이션 완성하기

바닥에 떨어져 위아래로 튀는 공을 만들어 봤으니 이번엔 공중에서 오른쪽 바닥으로 떨어져 굴러가는 공을 만들어 볼게요. 스크린 크기로 새로운 캔버스를 열고 〈동작 🔧 → 캔버스 → 애니메이션 어시스트〉를 활성화하세요. 프레임을 추가하고 첫 번째 프레임을 터치해 〈프레임 옵션〉 창을 열어 〈배경〉을 활성화하세요. 〈배경〉은 〈전경〉과 반대로 모든 프레임 맨 뒤에 고정되는 이미지가 될 거예요.

영상으로 보기

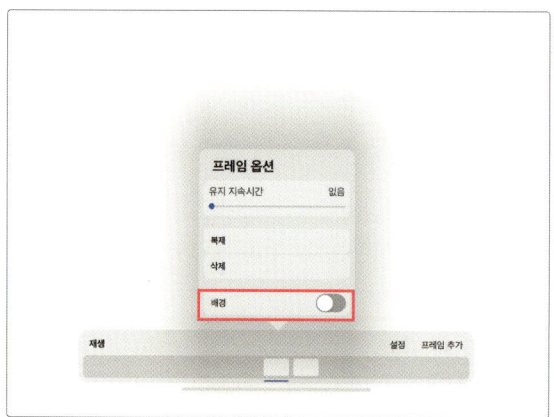

〈배경〉은 말 그대로 배경으로 사용해도 되지만 가이드로 활용하기도 좋아요. 이모티콘을 그릴 때 스케치를 그리고 라인을 그렸던 것처럼 애니메이션 작업을 할 때도 〈배경〉을 이용해 가이드를 그려 두고 움직임을 그리면 조금 더 형태를 유지하며 체계적으로 그릴 수 있어요.

여기에 프레임을 하나 더 추가해 맨 마지막 프레임은 〈전경〉을 활성화하세요. 그런 다음 캔버스 아래에 긴 선을 그어 주세요. '통통 튀는 공'을 만들 때처럼 이 선이 바닥이 될 거예요. 이제 〈배경〉 프레임을 선택하고 왼쪽에서 날아와 바닥에 두 번 튕겨 오른 다음 오른쪽으로 굴러가다 멈추는 공을 그릴게요. 가이드니 전체 이동 시나리오를 만든다고 생각하면 돼요.

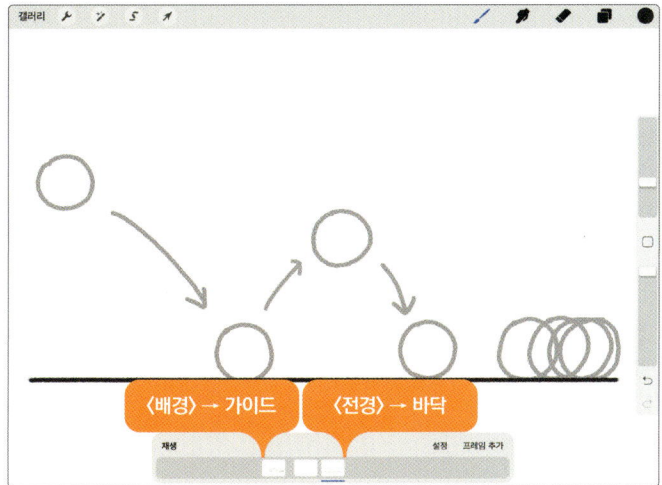

이제 프레임을 추가하면서 가이드를 따라 공을 한 프레임씩 나누어 그려주세요. 가이드로 표현한 화살표는 그리지 않아도 돼요.

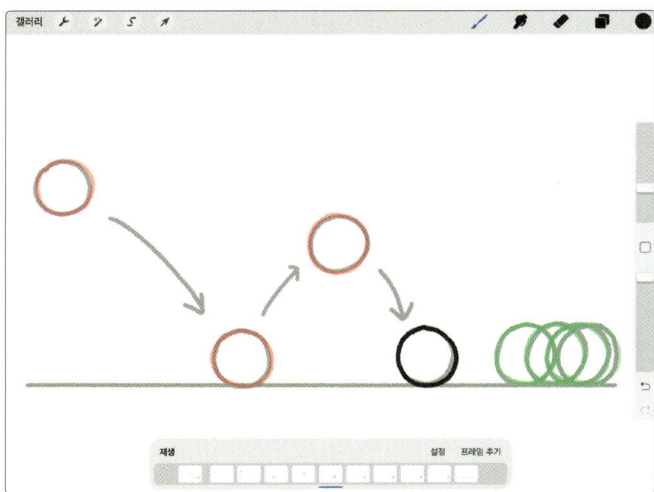

생각했던 것보다 움직임이 정직하고 재미없게 느껴질 거예요. 이번에는 '애니메이션의 12가지 원리' 중 아크Arcs, 즉 곡선의 궤적을 적용해 움직임을 자연스럽게 만들어 볼게요. 먼저 가이드를 조금 더 보완할게요. 〈배경〉 프레임을 선택하고 공과 공 사이에 곡선을 그려보세요. 그리고 첫 번째 공을 그린 프레임을 선택하고 〈프레임 추가〉를 터치해 새 프레임을 만들어 보세요. 새 프레임에 앞서 그린 곡선의 가운데에 공을 하나 더 그려 주세요.

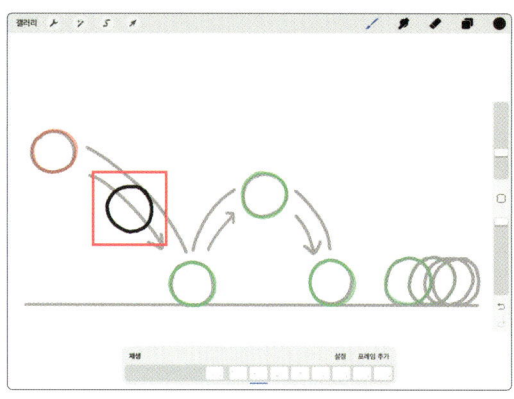

이번엔 슬로인, 슬로아웃을 이용해 속도를 표현할 거예요. 바닥에 떨어진 공과 겹쳐진 공을 하나씩 더 그리고 공중에 튀어 오른 공은 속도를 더 느리게 표현하기 위해 양옆에 공을 추가해 주세요.

> **TIP**
> 공을 추가할 때마다 프레임을 추가해 주세요. 또 공을 추가하는 순서와 프레임 순서를 맞춰야 해요.

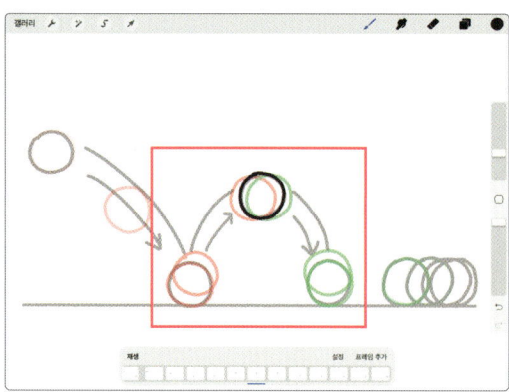

마지막 프레임에서는 공이 멈춰야겠죠? 마지막 공을 그린 프레임을 터치해 〈프레임 옵션〉 창을 열고 〈유지 지속시간〉을 5로 설정하세요.

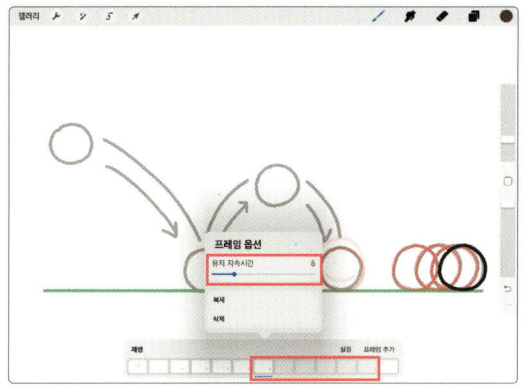

이제 재생해 보면 공이 떨어져 튕겨 올라갔다가 또 떨어지면서 서서히 멈추는 걸 볼 수 있어요. 복잡해 보이지만 움직임의 원리만 이해하면 간단하답니다. 물론 캐릭터의 복잡한 모션을 바로 표현하는 건 어려울 수 있어요. 하지만 애니메이션도 그림처럼 계속 그리고 표현할수록 실력이 늘게 될 거예요. 잘하고 싶은 만큼 욕심내서 많이 그려보세요!

| 과제 | '움직이는 공'으로 애니메이션 만들기 |

☑ 허공에서 바닥으로 떨어지는 공, 왼쪽에서 날아와 바닥으로 떨어졌다가 오른쪽으로 굴러가는 공을 그려 보세요.

 TIP

공의 속도와 움직임, 곡선을 자연스럽게 표현하는 데 집중해 보세요.

05-3 이모티콘 동작 구상하기

움직이는 이모티콘을 제작하려면 동작의 흐름을 어떻게 구상하는지가 가장 중요해요. 이러한 사전 준비 없이 그때그때 손이 가는 대로 모션을 그리면 처음 계획했던 느낌이 제대로 담기지 않을 수도 있어요. 멈춰 있는 이모티콘의 전체 구성을 기획했던 것처럼 모션 동작에도 기획이 필요해요. 움직이는 이모티콘의 제작 순서는 **'멈춰 있는 이모티콘 제작 → 동작 시나리오 구상 → 스케치 → 애니메이션'**입니다.

먼저 멈춰 있는 이모티콘 24종을 완성한 뒤 움직이는 동작을 시간의 흐름대로 적어 보거나 러프 스케치(밑그림)로 전체 동작을 구상해 보세요. 내 캐릭터에 어떤 느낌의 움직임이 더 잘 어울릴지도 함께 생각해 보세요!

동작 시나리오 구상하기

먼저 동작 시나리오를 구상해야 해요. 완성해 둔 멈춰 있는 이모티콘들을 나열하고 각 이모티콘이 어떤 동작의 흐름으로 진행될 것인지 글로 작성해 보는 과정이에요. 카카오 이모티콘 중 '말랑말랑 모찌모찌 민두'의 동작은 이렇게 구성했어요.

1. 몸을 움츠리며 손으로 눈을 가리고 있다가
2. "까꿍"하면서 두 팔을 활짝 펼침
3. 삐뿌는 숨어 있다가 위에서 뿅

1. 멀리서 하트 풍선을 힘들게 들고 옴
2. 하트 풍선에 얼굴을 부비며 헤헤 웃는다

1. 양팔을 위아래로 엇갈려 움직이며 좌우로 엄지 척
2. 삐뿌는 민두를 따라함

1. 한 손을 위로하며 점프 점프
2. 삐뿌는 양팔을 날개짓하듯 파닥파닥하며 점프 점프

1. 아래 숨어 있다가 트램펄린 타듯 위로 뛰어오르며
2. 몸을 활짝 펼침
3. 반복 후 올라 오며 몸을 뒤집음

1. 촛불을 후- 불어 끔
2. 텍스트 "츄"와 "카"를 순서대로 노출

1. 배에서 꼬르륵 효과
2. 입에서 침이 흐르다가 쏙 빨아들임

1. 빵을 꼬옥 안으며
2. 냠냠 입을 움직임
3. 주변에 하트와 폭죽 모션 효과

러프 스케치로 동작 구상하기

멈춰 있는 이모티콘을 스케치했던 것처럼 동작을 한 프레임씩 스케치하며 구상하는 단계예요. 보다 직관적으로 표현할 수 있어서 동작을 제작할 때 큰 도움이 된답니다.

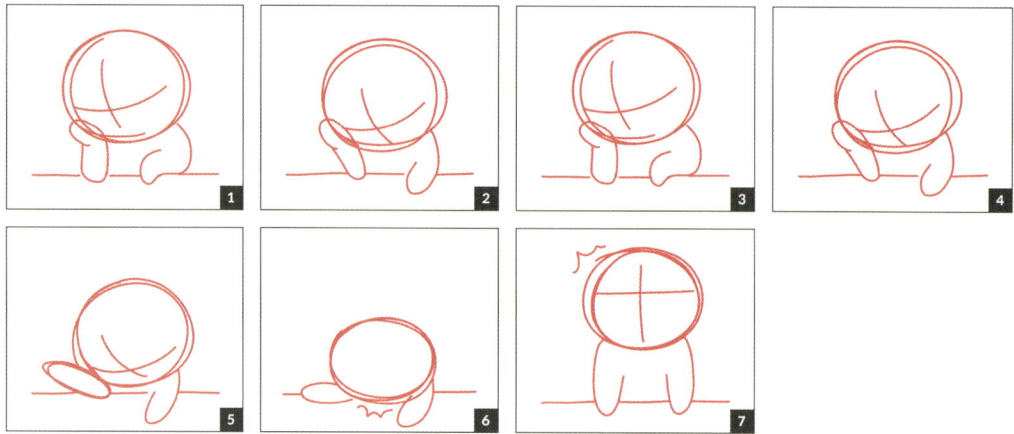

프레임마다 대표 동작을 그리고 대표 동작 사이를 자연스럽게 이어주는 동작들을(중간 동작, 앞 프레임과 뒤 프레임의 가운데 위치) 그리는 **포즈 투 포즈** Pose to pose 기법으로 보다 부드러운 움직임을 표현할 수 있어요.

모든 프레임을 그리는 것보다는 프레임과 프레임 사이의 타이밍을 조절하면서 적은 프레임 수로 자연스럽고 사실적인 움직임을 만들면 더 효율적으로 표현할 수 있어요.

글로 한 번, 스케치로 한 번 구상을 상세히 하고 시각화하면 자연스럽고 기획 의도에 맞는 이모티콘을 완성할 수 있어요. 동작을 구상하는 방법도 멈춰 있는 이모티콘 기획할 때와 마찬가지로 주변을 많이 관찰할 필요가 있어요. 또, 단순한 움직임보다는 섬세한 움직임이 공감대를 잘 형성할 수 있답니다.

과제 인사하는 동작 구상하기

- ☑ 캐릭터가 "안녕~"하고 인사하는 동작을 구상해 보세요. 어떻게 인사해야 내 캐릭터의 성격과 매력이 드러날지 고민하면서 글로 시나리오를 쓰고 거기에 맞는 프레임을 스케치를 해보세요.

스케치를 기반으로 프레임 제작하기

시나리오와 스케치로 동작을 구상했다면 이제 프레임을 하나씩 그려볼 차례예요. 구상한 동작이 자연스러우려면 어느 정도의 프레임이 필요한지 〈애니메이션 어시스트〉를 이용해 하나씩 그려 보세요.

동작을 만들다 보면 더 자연스러운 움직임을 위해 스케치할 때보다 더 많은 프레임이 필요할 때도 있어요. 프레임 구성을 어떻게 해야 할지 모르겠다면 판매 중인 이모티콘의 모션을 참고해 같은 상황일 때 내 캐릭터는 어떻게 표현해야 매력을 잘 나타낼 수 있지 고민해 보세요.

다음은 네이버 OGQ 마켓에 판매 중인 '모찌모찌 민두'에서 민두가 두 팔을 흔들며 인사하는 동작의 프레임이에요.

동작 프레임 예시(모찌모찌 민두 - 화유)

영상으로 보기

두 팔을 얼굴 가까이 붙였다가 펼치며 좌우로 3번 흔드는 동작이고, 움직일 때마다 글씨와 효과에도 자글자글한 변화를 주었어요. 팔을 흔드는 간단한 동작이지만 12개 이상의 프레임을 사용했어요.

동작 프레임 예시(모찌모찌 민두 - 화유)

두둥실 떠오르는 동작을 표현하기 위해 프레임마다 중력으로 흔들리는 옷의 움직임을 표현하고 천사 이미지에 맞는 부드러운 움직임을 주기 위해 간단하고 반복적인 모션임에도 프레임을 많이 나누어 그렸어요.

여러분도 쉽고 단순한 움직임부터 연습해 보고 차츰차츰 더 다양한 동작을 그리면서 표현하는 범위를 넓혀 보세요.

영상으로 보기

화유 쌤의 숏터뷰

Q. 움직임이 자연스러우려면 몇 프레임을 사용해야 하나요?

A. 프레임 수는 캐릭터의 특성과 동작에 따라 달라질 수 있어요. 적은 프레임으로 아주 단순한 동작을 표현할 수도 있고 많은 프레임으로 디테일하거나, 부드럽거나, 화려한 움직임을 표현할 수 있죠. 따라서 프레임 수를 처음부터 정해 두지 말고 그리면서 조절하는 게 가장 좋은 방법이에요. 내 캐릭터에 맞는 동작들을 자유롭게 구성하고 표현하다 보면 적절한 프레임 수를 자연스럽게 찾게 될 거예요. 물론 제안하는 이모티콘이라면 플랫폼에 맞는 최대 프레임 수를 미리 확인해 두는 게 좋답니다.

과제 움직이는 이모티콘 완성하기

☑ 앞서 과제에서 구상한 '인사하는 캐릭터 스케치'를 라인과 채색으로 완성해 보세요. 그리고 〈애니메이션 어시스트〉를 활성화해 프레임으로 하나하나 옮겨 움직이는 이모티콘을 완성해 보세요.

 TIP

효과와 텍스트가 있다면 캐릭터의 움직임에 맞춰 함께 움직여 보세요.

05-4 제안용 파일 제작하기

움직이는 이모티콘을 완성했다면 멈춰 있는 이모티콘과 마찬가지로 제안용 사이즈로 내보내는 법을 알려드릴게요. 이번엔 카카오톡 제안용 사이즈인 360px×360px로 캔버스 크기를 조절하고 움직이는 파일로 저장해 볼게요.

 **TIP**

> 제안용 파일을 제작할 땐 반드시 제안할 플랫폼의 사이즈를 확인하세요.

사이즈 변경하기

멈춰 있는 이모티콘에서도 마찬가지지만, 제안용 파일은 반드시 배경이 투명해야 해요. 완성한 이모티콘 캔버스를 열고 〈레이어 → 배경 색상〉 레이어 오른쪽의 체크박스를 터치해 배경을 투명하게 만들어 주세요.

〈동작 🔧 → 캔버스 → 잘라내기 및 크기변경〉을 선택하고 창이 열리면 오른쪽 상단의 〈설정〉을 터치하세요.

제안 사이즈에 맞게 크기를 변경할게요. 〈설정 → 캔버스 리샘플〉을 활성화한 후 캔버스 사이즈를 카카오톡 사이즈인 360px×360px을 입력하세요. 해상도, 즉 DPI도 72가 맞는지 한번 더 확인한 다음 〈완료〉를 터치하세요.

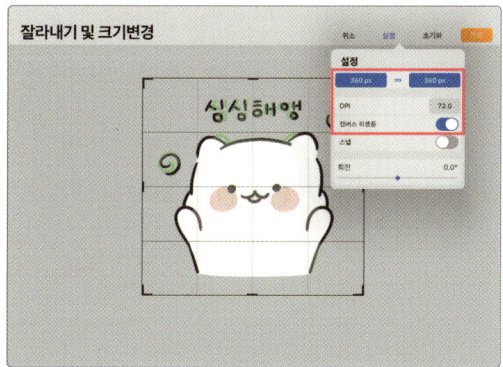

파일 내보내기

플랫폼 규격에 맞게 사이즈를 변경한 캔버스를 이모티콘 파일로 저장해 볼게요. 캔버스에서 〈동작 🔧 → 공유 → 레이어 공유〉를 터치하면 아래 '레이어 공유'에서 〈움직이는 GIF, 움직이는 PNG〉라는 파일 형식을 볼 수 있어요. 이 중 〈움직이는 GIF〉를 선택하세요.

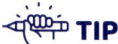 **TIP**

> 움직이는 이모티콘은 반드시 '움직이는 GIF' 또는 '움직이는 PNG'로 저장해야 해요.

파일 형식을 선택하면 〈움직이는 GIF〉 설정 창이 떠요. 여기에서 〈초당 프레임〉을 움직여 원하는 속도로 조절해 보세요. 그 아래를 보면 〈디더링, 프레임당 색상 팔레트, 투명한 배경〉이라는 버튼이 있어요. **디더링**이란 저해상도에서 매끄럽지 않은 이미지의 윤곽선을 매끄럽게 하는 기능이에요. **프레임당 색상 팔레트**는 이미지를 GIF로 저장할 때 색상을 어떻게 표현할 것인지 선택하는 거예요. 디더링과 프레임당 색상 팔레트를 활성화하지 않으면 색상 유실이 발생할 수 있으니 모두 활성화해 주세요. 그 아래 〈투명한 배경〉도 당연히 활성화해야겠죠? 모든 설정을 완료했다면 오른쪽 상단의 〈내보내기〉를 터치해 주세요. 내보내기 화면에서 〈이미지 저장〉을 터치해 아이패드 '사진' 앱에 저장하세요.

'사진' 앱에서 이모티콘을 터치하면 라인 바깥쪽이 깨진 것처럼 보이는데 실제로 이미지가 손상된 것이 아니라 아이패드 화면 크기에 맞춰 확대된 상태입니다. 화면을 두 손가락으로 꼬집듯 축소해 보면 깨지지 않은 것을 확인할 수 있답니다.

이제 마지막으로 이모티콘이 원하는 속도로 잘 움직이는지, 채색이 빈 곳은 없는지 등을 확인해 보세요. 이렇게 움직이는 이모티콘 저장하기까지 모두 완성했어요!

6장

다양한 플랫폼에 제안하기

이제 여러분이 열심히 만든 이모티콘을 플랫폼에 등록하고 제안해 볼 거예요. 네이버 OGQ 마켓, 카카오 이모티콘 스튜디오, 모히톡 X 스티커 팜 등 여러 플랫폼을 둘러 보면서 각 플랫폼의 규격을 파악하고 제안하는 순서와 주의사항, 제안 후 확인하는 방법까지 모두 알려드릴게요!

- 06-1 이모티콘 판매 플랫폼과 규격 살펴보기
- 06-2 플랫폼 둘러보기

06-1 이모티콘 판매 플랫폼과 규격 살펴보기

이모티콘을 판매할 수 있는 플랫폼은 정말 다양하답니다. 그중 카카오 이모티콘 스튜디오, 밴드 스티커 샵, 네이버 OGQ 마켓 그리고 모히톡 X 스티커팜의 규격과 수익 정산 방식까지 알려드릴게요.

> **TIP**
> - 더 자세한 가이드를 확인하려면 각 플랫폼 페이지를 참고하세요.
> - 각 플랫폼의 특성은 '01-1 이모티콘은 어디에서 사용하나요?'를 참고하세요.

각 플랫폼의 규격은 모두 다르니 반드시 제안하려는 플랫폼의 가이드를 꼼꼼하게 확인하고 진행해 주세요. 수익 정산 방식도 플랫폼마다 달라요. 정산에 대한 세부사항은 이모티콘 승인 후 확인하실 수 있답니다!

카카오 이모티콘 스튜디오

페이지		emoticonstudio.kakao.com
사용처	카카오톡 메신저(PC, 모바일)	카카오 웹/앱 서비스(다음 카페, 카카오 뉴스 등)
규격	멈춰 있는 이모티콘	360*360(px)
	움직이는 이모티콘	360*360(px)
	큰 이모티콘	정사각형 : 540*540(px) 가로형 : 540*300(px) 세로형 : 300*540(px)
제작 가이드	멈춰 있는 이모티콘	이미지 형식 : PNG(투명 배경, 32종) 이미지 용량 : 개당 150KB 이하 이미지 개수 : 총 32종 필수 이미지 해상도/컬러 모드 : 72DPI / RGB
	움직이는 이모티콘	이미지 형식 : 멈춰 있는 이미지(투명 배경, PNG 21종), 움직이는 이미지(흰색 배경, GIF 3종) 이미지 용량 : 개당 2MB 이하 이미지 개수 : 총 24종 필수 이미지 해상도/컬러 모드 : 72DPI / RGB 애니메이션 프레임 : 24프레임 이하 제작
	큰 이모티콘	이미지 형식 : 멈춰 있는 이미지(투명 배경, PNG 13종), 움직이는 이미지(흰색 배경, GIF 3종) 이미지 용량 : 개당 2MB 이하 이미지 개수 : 총 16종 필수(GIF 파일은 정사각형, 가로형, 세로형 각 타입별 최소 1종씩 제작 필수) 해상도/컬러 모드 : 72DPI / RGB 애니메이션 프레임 : 24프레임 이하 제작 GIF 이미지 : 타입별 1개 필수 제작
수익 정산		계약 진행 시 개별 안내

밴드 스티커 샵

페이지		partners.band.us/partners/sticker
사용처		밴드 서비스 내
규격	애니메이션 스티커	최대 370*320(px)
	스틸 스티커	최대 370*320(px)
제작 가이드	애니메이션 스티커	이미지 형식 : 움직이는 GIF 이미지(3컷), 멈춰 있는 PNG 이미지(5컷) 해상도/컬러 모드 : 72DPI / RGB GIF 이미지 : 재생이 계속 반복 되도록 제작
	스틸 스티커	이미지 형식 : 멈춰 있는 PNG 이미지(5컷) 해상도/컬러 모드 : 72DPI / RGB 유의사항 : 흰색 사용 시 외곽 라인 필수
수익 정산		마켓 수수료 30%를 제외한 수익을 밴드와 작가 간 50 : 50으로 배분

네이버 OGQ 마켓

페이지			ogqmarket.naver.com
사용처	애니메이션 스티커		네이버 서비스(블로그, 카페, 포스트 등), 아프리카 TV
	스티커		네이버 서비스(블로그, 카페, 포스트 등)
규격	애니메이션 스티커	메인 이미지	240*240(px)
		스티커 이미지	740*640(px)
		탭 이미지	96*74(px)
	스티커	메인 이미지	240*240(px)
		스티커 이미지	740*640(px)
		탭 이미지	96*74(px)
제작 가이드	애니메이션 스티커		이미지 형식 : 움직이는 시안(투명 배경) 이미지 용량 : 각 1MB 이하 이미지 개수 : 총 24종 필수 이미지 해상도/컬러 모드 : 72DPI / RGB 애니메이션 프레임 : 각 100프레임 이하 제작 재생 시간 : 최대 3초
	스티커		이미지 형식 : 멈춰 있는 시안(투명 배경) 이미지 용량 : 각 1MB 이하 이미지 개수 : 총 24종 필수 이미지 해상도/컬러 모드 : 72DPI / RGB
수익 정산			마켓 수수료와 결제 수수료를 제외한 금액의 70% 지급(초대 링크를 통해 네이버 OGQ마켓에 첫 가입한 지인이 구매 시 결제 수수료를 제외한 판매 순이익의 100% 지급)

라인 크리에이터스 마켓

페이지		creator.line.me	
사용처		라인 메신저	
규격	스티커	메인 이미지	240*240(px)
		스티커 이미지	370*320(px)
		대화방 탭 이미지	96*74(px)
	애니메이션 스티커	메인 이미지	240*240(px)
		스티커 이미지	320*270(px)
		대화방 탭 이미지	96*74(px)
	큰 스티커	메인 이미지	240*240(px)
		스티커 이미지	최소 : 80*524(px) 최대 : 396*660(px)
		대화방 탭 이미지	96*74(px)
	맞춤 스티커	스티커와 동일	
	메시지 스티커	스티커와 동일	
제작 가이드	스티커	이미지 형식 : PNG(투명 배경) 이미지 용량 : 개당 1MB 이하 이미지 개수 : 8, 16, 24, 32, 40종 중 선택 가능 해상도/컬러 모드 : 72DPI / RGB	
	애니메이션 스티커	이미지 형식 : APNG(.png로 지정) 이미지 용량 : 개당 300KB 이하 이미지 개수 : 8종, 16종, 24종 중 선택 가능 해상도/컬러 모드 : 72DPI / RGB 애니메이션 프레임 : 5~20프레임 재생 시간 : 최대 4초	
	큰 스티커	이미지 형식 : PNG(투명 배경) 이미지 용량 : 개당 1MB 이하 이미지 개수 : 8, 16, 24, 32, 40종 중 선택 가능 해상도/컬러 모드 : 72DPI / RGB	
	맞춤 스티커	스티커와 동일	
	메시지 스티커	스티커와 동일	
수익 정산		Apple, Google 등의 서비스 제공 업체에서 부과되는 수수료 30%를 제외한 수익의 50% 지급	

모히톡 × 스티커팜

페이지	stickerfarm.mojitok.com			
사용처	iMessage	Galaxy Keyboard	Facebook Messenger	Global Friend
규격	움직이는 스티커 스티커 이미지		패키지 이미지	250*250(px)
				618*618(px)	
	스티커 스티커 이미지		패키지 이미지	250*250(px)
				618*618(px)	
제작 가이드	움직이는 스티커			이미지 형식 : GIF(권장) / APNG(투명 배경) 이미지 용량 : 개당 500KB 이하 이미지 개수 : 최소 1개 이상, 최대 개수 제한 없음 해상도/컬러 모드 : 72DPI / RGB 애니메이션 프레임 :15프레임 이하 재생 시간 : 2초 이내	
	스티커			이미지 형식 : PNG(투명 배경) 이미지 용량 : 개당 500KB 이하 이미지 개수 : 최소 1개 이상, 최대 개수 제한 없음 해상도/컬러 모드 : 72DPI / RGB	
수익 정산	배포한 패키지의 스티커 사용량을 기준으로 매달 책정(3.3% 공제)			

06-2 플랫폼 둘러보기

우리가 일상에서 이모티콘을 가장 많이 사용하는 플랫폼을 꼽으라면 단연 카카오톡일 거예요. 바로 카카오톡 이모티콘 스튜디오라는 플랫폼에서 판매하는 이모티콘들이죠. 하지만 이모티콘을 처음 만들고 제안한다면 네이버 OGQ 마켓을 추천하고 싶어요. 비교적 진입장벽이 낮고 작가의 재량에 따라 확실한 수익을 보장받을 수 있는 곳이기 때문이에요. 대부분 이모티콘 플랫폼은 제안한 이모티콘을 심사한 다음 승인 과정을 거쳐야 판매를 시작할 수 있어요. 사용자가 많은 만큼 이모티콘 제안의 양도 어마어마한 카카카오톡은 그만큼 오랜 심사 기간을 거쳐야 하고 승인이 어렵기 때문에 첫 제안에서 실패를 겪을 확률도 높죠. 여러분이 상처보다는 자신감을 얻고 앞으로 나아갔으면 해요. 보다 진입장벽이 낮은 플랫폼에서 시작해 실력도 쌓고 시장의 반응을 체감하면서 조금 더 성장한 상태로 진입장벽이 높은 플랫폼에 제안하는 걸 권해요.

물론 그전에 내가 제안할 수 있는 플랫폼은 어떤 곳인지 미리 파악해 두는 것도 중요해요. 따라서 이번엔 네이버 OGQ 마켓, 카카오 이모티콘 스튜디오 그리고 모히톡이라는 대표 플랫폼 3군데를 둘러보고 이모티콘을 등록하는 과정을 살펴볼게요. 등록하는 페이지의 모습은 조금씩 다르지만, 필요한 내용은 비슷하답니다. 천천히 따라 오다 보면 금세 모든 과정을 이해하게 될 거예요.

네이버 OGQ 마켓

네이버 OGQ 마켓은 크리에이터들이 직접 제작한 스티커와 그 외 다양한 디지털 콘텐츠를 사용자들에게 판매·제공하는 곳이에요. 스티커 사용처는 네이버 서비스인 블로그, 카페, 포스트 등이 있고, 1인 미디어인 아프리카 TV에서도 사용할 수 있어요. 이 중 가장 많이 사용하는 곳은 블로그, 카페입니다. 글을 작성할 때나 댓글을 달 때 메신저처럼 이모티콘과 스티커를 사용해요.

네이버 OGQ 마켓의 매력 중 하나는 정산금이 매출의 70~100%라는 거예요. 굉장히 높은 비율이죠? 시장을 잘 파악해서 꾸준히 내 캐릭터를 어필한다면 좋은 수익처가 될 수 있을 거예요.

그럼 바로 네이버 OGQ 마켓을 둘러볼까요? 네이버 OGQ 마켓(ogqmarket.naver.com)으로 이동한 다음 상단 메뉴에서 〈마켓〉을 클릭하면 OGQ 마켓에서 판매 중인 다양한 콘텐츠를 볼 수 있어요. 또는 작가명이나 캐릭터 이름 또는 검색하고자 하는 키워드를 검색해서 찾을 수도 있어요.

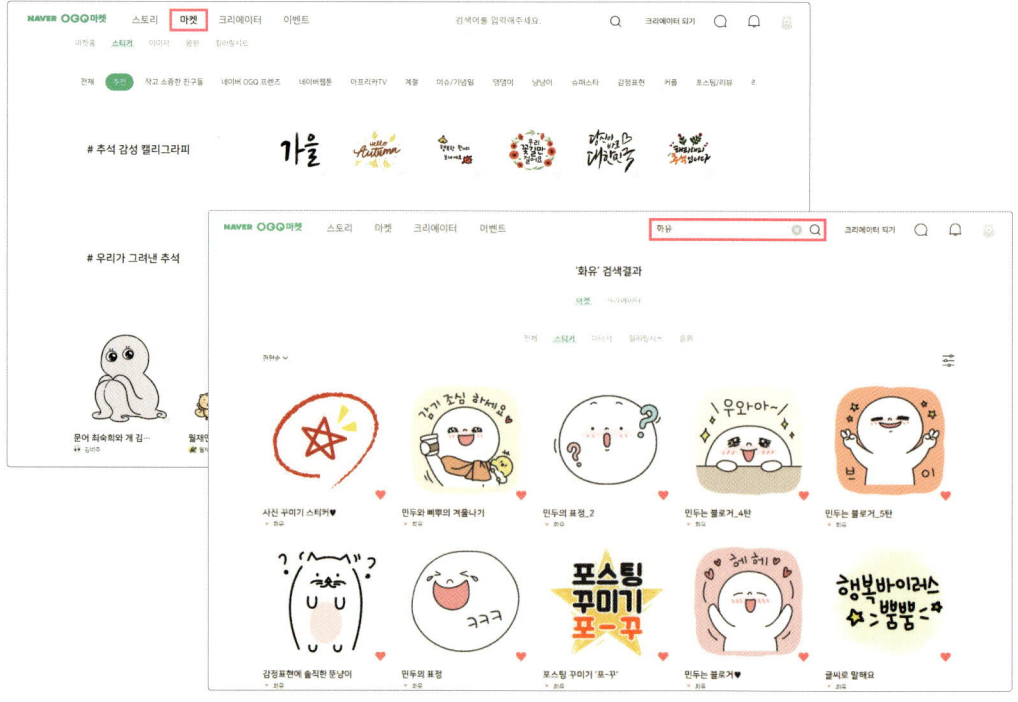

이제 본격 등록을 위해 화면 오른쪽 상단에서 〈크리에이터 되기〉를 클릭해 보세요. 로그인 창이 뜨면 원하는 계정을 선택해 로그인 또는 회원가입을 진행해 주세요. 회원가입만 하면 누구든 크리에이터로 활동할 수 있답니다.

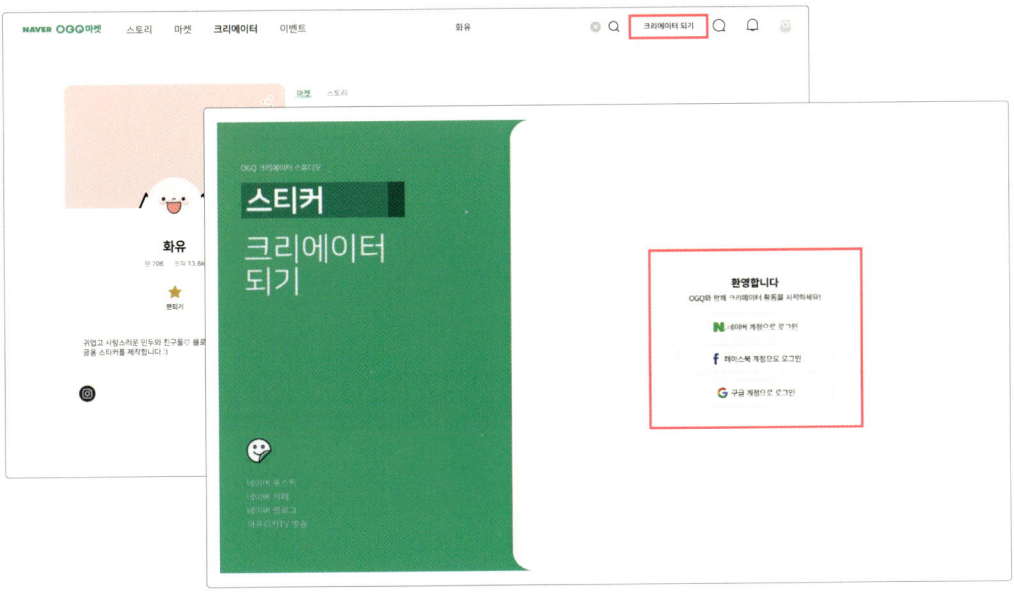

회원가입 또는 로그인을 하면 크리에이터 스튜디오 페이지로 이동하게 돼요. 여기가 바로 여러분이 판매할 콘텐츠들을 등록하고 관리할 곳이랍니다. 화면 오른쪽 상단에서 〈콘텐츠 업로드〉 버튼을 클릭해 볼까요?

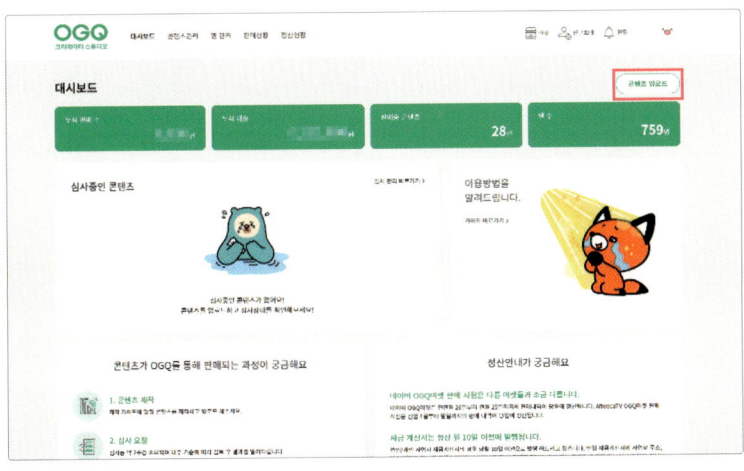

콘텐츠 업로드 페이지로 이동하면 등록할 이모티콘의 형태를 선택할 수 있어요. 멈춰 있는 이모티콘이라면 〈스티커〉, 움직이는 이모티콘이라면 〈애니메이션 스티커〉를 선택하세요. 저는 이 중 〈스티커〉를 클릭해 등록 페이지로 이동해 볼게요.

스티커 업로드 페이지에서는 대표 이미지와 이모티콘 등록, 제목, 내용, 가격 등을 설정할 수 있어요. 대표 이미지란 '04-6 제안용 파일 제작하기'에서 만들어 둔 메인 이미지를 뜻해요. 저장해 둔 메인 이미지를 등록하고 이모티콘의 제목(40자 내외)과 내용(160자 내외)도 채워 주세요.

그 아래는 이모티콘을 표현할 수 있는 키워드를 해시태그와 함께 작성하는 란이에요. 가령 내 이모티콘이 일상 속 웃긴 동물을 캐릭터화했다면 #일상, #개그, #동물 이렇게 키워드를 쓸 수 있겠죠? 키워드는 최소 3개 이상을 적어야 사용자가 원하는 키워드를 검색했을 때 노출되기 쉬워요. 10개 이상 작성할 수 있으니 내 이모티콘과 캐릭터를 다양한 키워드로 표현해 보세요.

스크롤을 내리면 이모티콘을 등록하는 부분을 볼 수 있어요. 〈스티커 이미지〉에는 앞서 제작해 둔 이모티콘 24개를 등록하고, 〈탭 목록 이미지〉는 '04-6 제안용 파일 제작하기'에서 제작해 둔 탭 이미지를 업로드해 주세요.

> **TIP**
> 이미지 적용 예시를 확인하고 수정하고 싶다면 이미지를 다시 선택해서 교체할 수 있어요.

모든 이미지를 업로드한 다음 〈업로드하기〉를 누르면 곧바로 심사 상태가 돼요. 심사가 시작된 후에는 파일을 교체하거나 수정할 수 없으니 〈업로드하기〉를 누르기 전 최종으로 모든 이미지 파일과 제목, 내용, 키워드, 가격까지 꼼꼼히 확인하세요. 심사 기간은 1~2주가 소요되고 심사 과정이 궁금하다면 〈콘텐츠 관리 → 심사 관리〉에서 심사 결과를 확인해 보세요!

카카오 이모티콘 스튜디오

우리가 카카오에서 사용하는 모든 이모티콘은 크리에이터들이 카카오 이모티콘 스튜디오에서 등록한 콘텐츠랍니다. 이번엔 카카오 이모티콘 스튜디오에서 제안하는 방법을 알아볼까요? 먼저 **카카오 이모티콘 스튜디오(emoticonstudio.kakao.com)** 첫 화면에서 〈제안 시작하기〉를 클릭해 로그인 또는 회원가입을 진행해 주세요.

로그인을 하고 오른쪽 상단에 〈마이스튜디오〉를 눌러 페이지를 이동해 주세요. 〈마이스튜디오〉에서는 이모티콘을 제안 관리하고 공지사항 등을 확인할 수 있어요. 제안할 수 있는 이모티콘 형태는 〈멈춰있는 이모티콘, 움직이는 이모티콘, 큰 이모티콘〉으로, 총 3가지가 있어요. 이 중에서 〈멈춰있는 이모티콘〉을 등록해 볼게요.

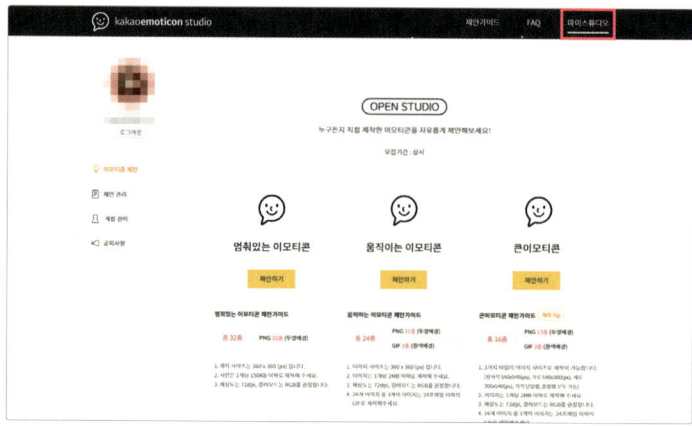

〈멈춰있는 이모티콘〉을 선택하면 네이버 OGQ와 마찬가지로 이모티콘의 정보를 입력하는 페이지로 이동할 수 있어요. 상품명, 시리즈명, 설명은 반드시 입력해야 해요. 만약 이모티콘을 게시한 사이트나 참고할 자료가 있다면 첨부해 주세요.

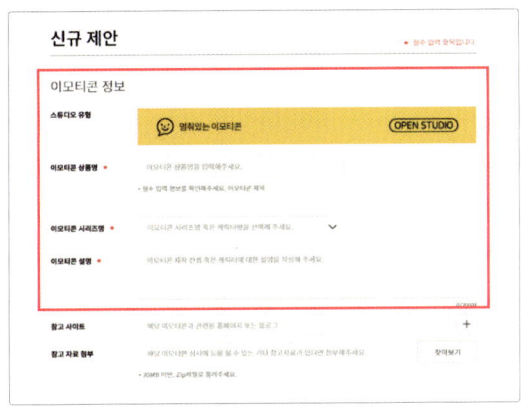

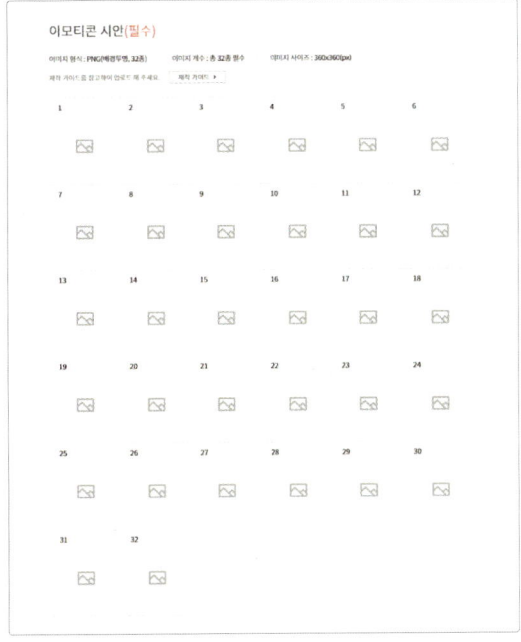

스크롤을 내리면 이모티콘 시안 영역을 볼 수 있어요. 각 칸을 클릭해 미리 제작한 이모티콘 파일을 첨부할 수 있답니다.

제출 전 제작 가이드를 반드시 재확인하세요!

마지막으로 제안자 기본 정보까지 확인했다면 〈제출하기〉를 클릭하세요. 제안 후 심사 결과가 나오기까지는 약 2~4주 정도 소요되고 카카오 이모티콘 스튜디오의 〈제안 관리〉 메뉴와 이메일로 심사 결과를 받아 볼 수 있답니다.

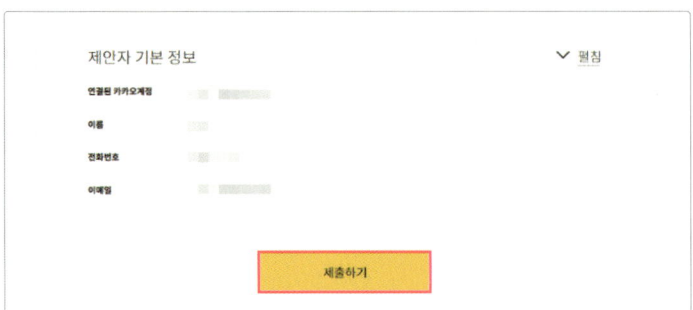

모히톡 X 스티커팜

모히톡은 타 플랫폼에 비해 글로벌 유저가 많은 것이 특징이에요. 모히톡X스티커팜(stickerfarm.mojitok.com)으로 이동한 다음 화면 상단의 〈Login〉을 눌러 회원가입 또는 로그인을 진행해 주세요.

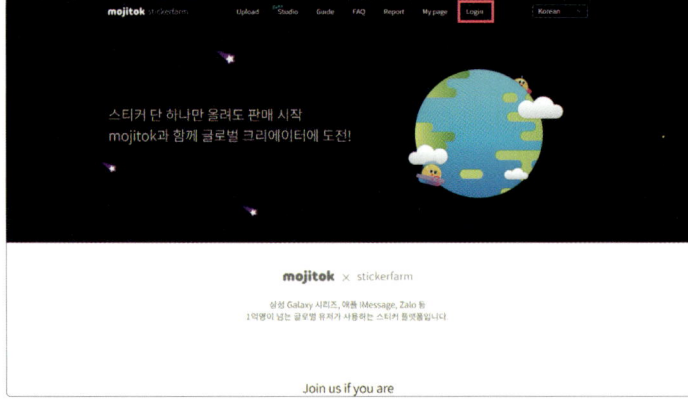

로그인한 다음 메인 화면에서 〈Upload〉를 클릭하면 이모티콘을 업로드할 수 있는 화면으로 이동합니다. 모히톡에서는 이모티콘 세트를 '패키지'라고 표현해요. '작성 중인 패키지'에서 빈칸을 선택해 제작해 둔 이모티콘 파일을 업로드하면 된답니다.

> **TIP**
> 이모티콘을 업로드하던 중 중단해도 작성 중인 패키지에 저장되어 있어 이어서 업로드할 수 있어요.

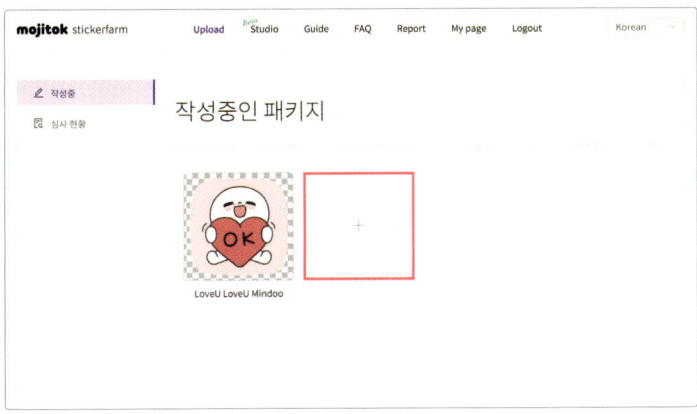

빈칸을 클릭하면 주의사항과 패키지 썸네일 제작 가이드 창이 나타난답니다. 내용을 잘 읽어 보고 해당 사항에 맞춰 이모티콘을 제작해서 업로드하면 돼요. 간단하죠?

> **TIP**
> 플랫폼에 맞춰 제작해 둔 이모티콘의 사이즈를 변경하려면 '04-6 제안용 파일 제작하기'를 참고하세요.

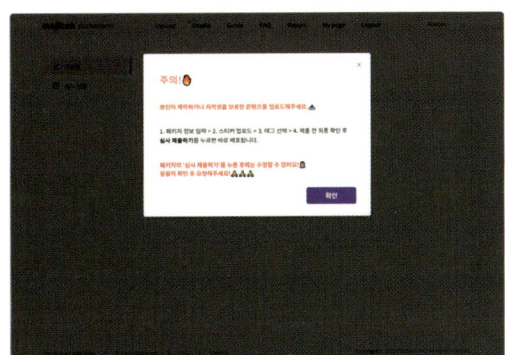
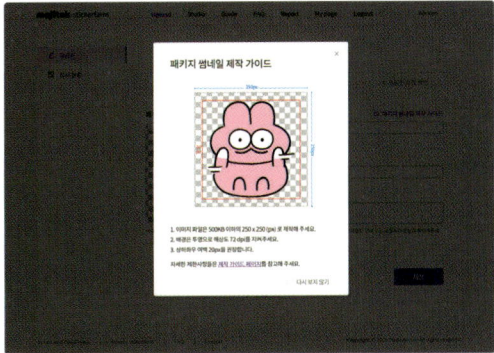

안내 사항을 모두 확인했다면 다른 플랫폼과 비슷한 과정을 거쳐야 해요. <패키지 정보 입력 → 스티커 업로드 → 태그 선택 → 제출 전 최종 확인>을 한 다음 마지막 <심사 제출하기>를 클릭해 제안을 완료하세요.

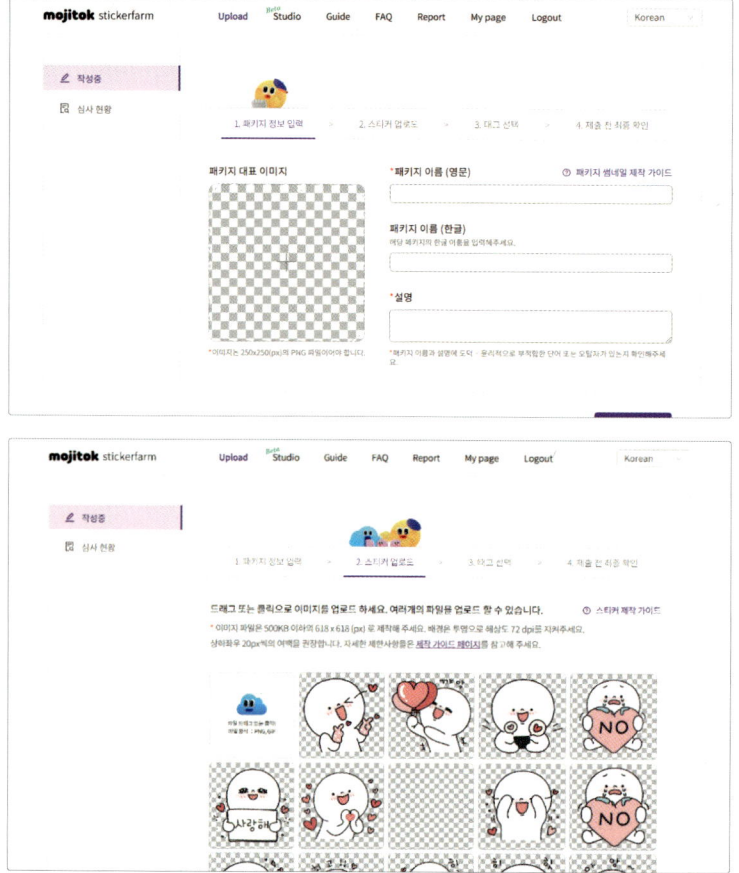

모히톡에서는 수익이 발생하면 직접 송금 신청을 해야 해요. 매달 중순 월 정산 금액을 <Report> 또는 <My page → 송금 내역>에서 확인할 수 있어요. 100달러 이상의 수익이 누적되면 <송금 신청>에서 수익 송금 신청을 진행하면 된답니다!

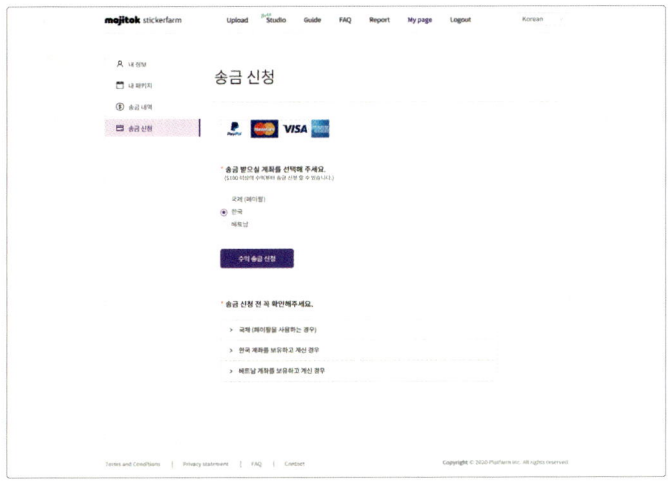

이렇게 내가 만든 캐릭터로 이모티콘을 만들고 또 다양한 플랫폼에 제작하는 과정까지 모두 살펴보았어요.

정성스럽게 이모티콘을 완성하고 제안했지만 혹시나 미승인되었다고 포기하지 마세요! 조금 더 다듬을 곳은 없는지 수정하고 보완한 다음 다시 제안하거나 다른 플랫폼에 제안해 보는 것도 좋은 방법이에요. 또, 하나의 캐릭터로 같은 시리즈를 꾸준히 출시하는 것도 좋지만, 무궁무진한 아이디어로 새로운 캐릭터를 탄생시키는 것도 재미있을 거예요!

여러분 모두 무사히 심사 과정을 거쳐 직접 만든 이모티콘을 메신저, SNS에서 사용할 수 있기를 응원할게요!

끝맺으며

수고하셨어요,
작가님!

이모티콘 제작하기, 어떠셨어요? 어렵진 않으셨나요?

이모티콘을 처음 제작해 보신 분들은 책을 보며 중간중간 헤매는 과정이 있었을 수도 있어요. 옆에서 하나하나 자세히 알려드리면 좋을 텐데, 책으로 만나고 있어 아쉬움이 가득해요. 그래서 제가 이모티콘을 처음 그리기 시작한다는 생각으로 최대한 막히는 부분이 없도록 차근차근 담아내려고 노력했어요. 쉽지 않은 여정의 끝까지 잘 따라와 주신 여러분 너무 감사해요.

저를 만날 수 있는 채널은 항상 열려있으니 여러분의 진솔한 서평이나 책을 보며 궁금했던 부분은 저에게 직접 문의해 주셔도 좋아요.

이메일 : miniryoung@gmail.com
인스타그램 : instagram.com/hwayu_/

이 책을 통해 새로운 도전에 흥미를 느끼고 '그렇게 어렵지만은 않구나'라는 생각으로 용기를 가질 수 있다면 그것만으로도 저는 너무 뿌듯할 거예요. 끝까지 포기하지 말고 이모티콘 작가에 입문하셔서 저의 동료가 되어 주세요! 책을 통해 이모티콘을 출시하셨다면 저에게 꼭 자랑해 주세요. 아낌없이 응원해드리고 싶어요! 마지막까지 함께해 주신 여러분 모두가 너무 멋지고 자랑스러워요. 그동안 저와 이모티콘 제작부터 판매까지의 모든 과정을 함께해 주셔서 감사합니다!

찾아보기

찾아보기

가져오기	44
감정 마인드맵	129
갤러리	42
갤러리 복구 시작	43
게시형 이모티콘	19
공유	44
그리기 가이드	57, 160
기본 아트워크 복원	43
난색	163
네이버 OGQ 마켓	21, 224
대화형 이모티콘	19
도움말	59
동작 시나리오	206
동화	190
등신	136
디더링	214
디스크	93
디지털 드로잉	25
라인	157
라인 크리에이터스 마켓	22
러프 스케치	206
레이어	80
레이어 그룹	85
레이어 병합	87, 112
레이어 불투명도	87
레퍼런스	58
루프	193
마인드맵	124
메인 이미지	179, 181
명도	164
모히톡X스티커팜	22, 230
배경	202
배경색	90
밴드 스티커 샵	21
변형	61
브러시	65
브러시 불투명도	66
브러시 스튜디오	71
브러시 크기	66
비디오	58
비율	136
사용자 지정 캔버스	49
삭제	44
색상 프로필	50
색의 무게감	164
서체 가져오기	147
선택	44, 61
수익 정산	218
수평 뒤집기	160
스냅	182
스케치	151
스택	44
스토리 중심	120
스티커	220
스티커 이미지	179
스페이싱	199
스포이드툴	101
슬로아웃	199
실행	102
아이패드	29
아크	204
안정화	74
알파 채널 잠금	88, 113
애니메이션 스티커	220
애니메이션 어시스트	192
애니메이션의 12가지 원리	191
애플 펜슬	29
어니언 스킨 불투명도	194

어니언 스킨 프레임	194	파일 삽입하기	167
오토데스크 스케치북	28	팔레트	92
움직이는 GIF	175, 213	포즈 투 포즈	208
원샷	193	포토샵	27
원화	190	프레임	192
유지 지속 시간	196	프레임 옵션	199
이모티콘	18	프레임당 색상 팔레트	214
일러스트레이터	27	프로크리에이트	40
자동 채우기	97	핀터레스트	165
전경	199	핑퐁	193
제스처	100	하모니	94
제작 가이드	219	한색	163
조정	60	핸드 드로잉	25
주 프레임 혼합	195	1:다수 전달형 이모티콘	19
중성색	163	AirDrop	175
초당 프레임	194	CMYK	50
카카오 이모티콘 샵	20	coolors	167
캔버스	55	iCloud Drive	175
캔버스 리샘플	185	JPEG	175
캔버스 복제	44	picular	166
캔버스 속성	52	pinterest	165
컬러 드롭	97	PNG	175
콘셉트 중심	118	Procreate	175
퀵셰이프	74	PSD	175
클래식	94	RGB	51
클리핑 마스크	88	Slow-in	199
클립 스튜디오	28	Slow-out	199
타임라인	192	Spacing	199
타임랩스 녹화	58	Squash and Stretch	199
타임랩스 설정	51	sRGB	51
탭 이미지	179, 184	StreamLine	74
턴어라운드	137		
텍스트	144		
텍스트 추가	146